施設実習ガイド

保育者として成長するための事前事後学習

JN090349

駒井美智子 編著

松本健二／小林保子

はじめに

　保育者を目指し、保育者養成校に入学してくる学生の皆さんに「将来、保育者としてどこで働きたいですか?」と聞くと、ほとんどの学生が「保育所」と答えます。なかには、なぜそんなことを聞くのかと不思議そうな表情をする人もいます。そして次に「なぜ保育者になりたいと思ったのですか?」と聞くと、多くの場合、「子どもが好きだから」「子どもと遊ぶ仕事は楽しそうだから」という答えが返ってきます。

　このように、学生の皆さんのほとんどが「将来、保育所の先生になりたい」と思っているようです。そのため、保育士資格を取得するためには施設実習が必須であることを知ると、驚く学生が多く見られます。「施設実習って何?」「施設ってどんなところ?」「保育所で働きたいと思っている私が、施設に行く意味があるの?」「施設に行って何をするの?」といった質問を投げかけてくる人も少なくありません。さて、本書を手にとった皆さんはいかがでしょうか。思い当たるところはありませんか。

　保育士資格を取得するにあたり、保育実習は、保育所と保育所を除く児童福祉施設等をあわせておおむね20日間実施すると規定されています。保育実習に施設実習が含まれる最大の理由は、保育士は保育所だけでなく、「児童福祉法に定める児童福祉施設」で活躍できるからです。児童福祉施設の人員配置で保育士を置くことが義務づけられていることからもわかるように、保育士はさまざまな場所で必要とされているのです。したがって、保育士資格を得るためには、保育所以外の施設での保育、すなわち各施設の特性に応じた「養護と教育」のあり方を学ぶ必要があるのです。

では、「児童福祉法に定める児童福祉施設」とはどのような施設なのでしょうか。以下、具体的に確認してみましょう。

　・保育所
　・幼保連携型認定こども園
　・児童厚生施設
　・児童養護施設
　・児童自立支援施設
　・乳児院
　・母子生活支援施設
　・障害児入所施設
　・児童発達支援センター
　・児童心理治療施設
　・助産施設
　・児童家庭支援センター
　・里親支援センター

　皆さんが、授業や関連書籍で学んだことのある施設もあれば、本書で初めて知る施設もあると思います。それぞれの施設にはそれぞれの役割があり、提供している支援の内容や方法も、対象となる子どもの状況も異なります。たとえば、「障害児入所施設」。名称から、障がいのある子のための施設であることは想像できるでしょう。しかし、実際に障がいのある子どもたちと接した経験をもつ人は少ないのではないでしょうか。どんな障がいがある子どもたちがいるのか、一緒に何をすればよいのかなど、疑問が次々に浮かんで不安になる人もいるでしょう。「母子生活支援施設」「里親支援センター」などは、名称を聞くのも初めてだという人がほとんどかと思われます。また、各施設について授業で学んでいても、その施設における保育士の役割は何なの

か具体的なイメージができず、実習で自分は何を学んでくればよいのか、今から心配している人もいるでしょう。目的があいまいなまま実習に入ってしまうと、決して実のある学びにはなりません。充実した実習にするために、本書での学びを軸に、ぜひ皆さん自身でも理解を深めてほしいと思います。

　本書は、施設における保育実習が学生の皆さんにとってより実り多いものとなるよう、まず第1章では、施設実習の意義や児童福祉施設の目的や役割について、わかりやすく記述しています。次に第2章では、施設実習に向けての心がまえや事前に学習しておくべきこと、用意するもの、実習計画の設定、日誌の書き方などを確認します。そして第3章においては、福祉職である保育士に必要なソーシャルワークに関する理解を深め、第4章では、施設の種別ごとに実習の内容や学んでいきたい課題、取り組み方、留意点などについて具体的に学習していきます。最後の第5章では、かけがえのない実習体験が皆さんのなかにしっかりと生きるよう、振り返りをおこないます。

　施設実習を成し遂げて帰ってくると、「とても充実した学びの多い実習でした」「最初は、障がいのある子どもたちとどうかかわっていいのかわからないことがつらかったけれど、最終日は別れるのがつらかった」など、実習に臨む前と後とでは人が変わったように大きく成長している学生を、筆者は数え切れないほど見てきました。もちろん、「前は保育所で働きたいと思っていたけれど、児童養護施設を希望します」「施設実習を体験して本当によかった」と言って実際に就職していく学生も多くいます。皆さんもぜひ本書を通して学びを深め、実り多い実習を経験し、児童福祉に貢献する保育者を目指していただきたいと願っています。

執筆者一同

はじめに……003

| 第 1 章 | 施設実習の意義・目的

1　児童福祉施設の目的……012

2　施設実習の意義……013

　　1　保育者になるために必要な知識……013

　　2　施設現場で体験する意味……013

　　3　対象児 (者)理解……014

　　4　実習の流れ……014

| 第 2 章 | 施設実習の事前学習

1　子どもに対する態度・行動……018

　　1　相互的なかかわり……018

　　2　全体への意識と個の重視……019

　　3　施設環境に入ること……021

　　4　トラブルが発生したとき……021

2　施設の職員に対する態度・行動……023

3　プライバシーの厳守……026

　　1　実習生としてのモラル……026

　　2　保護者とのかかわり……027

4 電話の基本マナーと実際の流れ……028

1 電話をかける前の準備と心がまえ……028

2 電話によるアポイントメントの取り方……030

3 実習施設が「困る」電話……032

5 オリエンテーション(実習事前訪問)について……034

1 オリエンテーションの目的……034

2 事前訪問に臨む基本マナー……035

3 オリエンテーションに臨む前に……037

4 実習巡回指導教員への挨拶……040

6 実習計画の必要性と作成のポイント……042

1 施設実習の課題設定……042

7 実習日誌の重要性と書き方の留意点……047

1 実習日誌を記録する目的……047

2 日誌に記録する内容……048

3 実習日誌の留意点……048

8 基本的な生活習慣……058

| 第 3 章 | # 保育士とソーシャルワーク

1 子どもと家庭の権利保障……062

1 子どもと家庭の権利保障と、児童福祉施設の役割の概要……062

2 生活のなかでの具体的な権利保障……063

3 サービスの透明性、質の向上の課題……065

2 保育士の仕事とソーシャルワーク……066

1 保育現場とソーシャルワーク……066

2 ソーシャルワークの基本原理と原則……067

3 ソーシャルケースワーク（個別援助技術）……070

4 グループワーク（集団援助技術）……074

5 実習における立ち位置について……075

| 第 4 章 | **施設別の実習の内容**

1 乳児院での実習……078

1 乳児院の概要……078

2 乳児院の実習準備……080

3 乳児院の実習の実際……081

2 児童養護施設での実習……086

1 児童養護施設の概要……086

2 児童養護施設の実習準備……088

3 児童養護施設の実習の実際……089

3 母子生活支援施設での実習……094

1 母子生活支援施設の概要……094

2 母子生活支援施設の実習準備……096

3 母子生活支援施設の実習の実際……097

4 児童自立支援施設での実習……102

1 児童自立支援施設の概要……102

2 児童自立支援施設の実習準備……104

3 児童自立支援施設の実習の実際……105

5 児童相談所の一時保護所での実習……110

1 一時保護所の概要……110

2 一時保護所の実習準備……113

3 一時保護所の実習の実際……113

6 知的障がい児を対象とする施設での実習……120

1 知的障がい児を対象とする施設の概要……120

2 知的障がい児を対象とする施設の実習準備……122

3 知的障がい児を対象とする施設の実習の実際……123

7 視覚障がい児・聴覚障がい児を対象とする施設での実習……128

1 視覚障がい児・聴覚障がい児を対象とする施設の概要……128

2 視覚障がい児・聴覚障がい児を対象とする施設の実習準備……130

3 視覚障がい児・聴覚障がい児を対象とする施設の実習の実際……131

8 肢体不自由児を対象とする施設での実習……136

1 肢体不自由児を対象とする施設の概要……136

2 肢体不自由児を対象とする施設の実習準備……139

3 肢体不自由児を対象とする施設の実習の実際……140

9 重症心身障がい児を対象とする施設での実習……146

1 重症心身障がい児を対象とする施設の概要……146

2 重症心身障がい児を対象とする施設の実習準備……148

3 重症心身障がい児を対象とする施設の実習の実際……149

10 児童心理治療施設での実習……156

1 児童心理治療施設の概要……156

2 児童心理治療施設の実習準備……158

3 児童心理治療施設の実習の実際……159

|第 5 章| 施設実習の振り返り

1 実習後の提出物と報告……168

   1　日誌の提出にあたっての留意点……168

   2　施設実習終了のお礼状について……169

2 今後のステップへの心がまえ……172

あとがき……176

第3版のためのあとがき……177

資料　保育現場で楽しむ遊び……180

     施設実習に行く前に読みたい本……185

     全国保育士会倫理綱領……186

第 1 章

施設実習の意義・目的

本章では、保育者を志す皆さんが施設実習をおこなう意義について学びます。児童福祉施設の目的や、実習の各段階におけるポイントを確認して、施設実習の枠組みをとらえていきましょう。

1 児童福祉施設の目的

　子どもとは未成熟な存在であり、大人の保護なくしては生存できない弱者であり、そして未来社会の構成員です。また、乳幼児期の子どもたちは特に、急速に発達していきます。この子どもたちには確かな健全育成が約束されなくてはならず、どの子にも温かな愛情が必要です。そして保育者は、子どもの心身を保護しながら一人ひとりの可能性を引き出し、自立を促すためにいるのです。

　たとえば、住居・食事・衣服などが不足している子どもにはその物的環境を補い、愛されるための人的環境（保護者）が不足している場合は、その愛情を兼ね備えた保育者や支援員たちで補わなければなりません。さらに、療育や治療を必要とする子どもには早期療育や治療環境を、学習環境を必要とする子どもにはその背景や発達状況により支援と援助をおこないます。**子どもたちの生活の自立や自律を目的として、児童福祉施設が存在しているのです。**ここで児童福祉施設の機能を、次の①から⑥のように大きくとらえてみましょう。

①子どもの基本的欲求の充足や基本的生活習慣の自立に向けた援助・支援
②障がいの発見・理解・原因解明（治療的機能）、対処方法の検討
③子どもの家族に対する理解と、社会的資源▶1の情報提供
④施設退所後の自立支援および家族との連携・相談支援
⑤上記の①から④を、一人ひとりのケースに応じながら、それぞれPDCAサイクル（Plan計画 Do実践 Check確認 Action行動）としておこない、施設を組織運営していく
⑥ボランティア活動や実習生の受け入れ、地域児童の問題の把握（虐待など）と対応など、地域との連携活動

　各施設が特性に応じて、上記のような活動をおこなっています。

▶1
さまざまな情報、制度、政策、資金、施設、機関など。機関の例としては、児童相談所や市役所の保健課などがあげられます。

2 施設実習の意義

1 保育者になるために必要な知識

　幼児期は心身が急速に発達するため、身近な大人（保護者や保育者）のはたらきかけが子どもの成長に大きく影響します。皆さんは、実習中も、今後活躍するであろう保育現場でも、多くの子どもたちの成長にかかわることになります。

　保育者になるための学習では多くの専門科目を履修し、「保育とは何か」「子どもにとっての最善の利益とは何か」「児童福祉施設とは何か」といったテーマについて理論的に理解する必要があります。また、音楽・造形・言語・身体表現など、保育の表現技術の基礎も学習します。これらの学びは、保育者が子どもにとって十分で的確な指導をおこない、なおかつその指導内容を管理・援助・支援のバランスがとれたものにするために必要なのです。しかし、理論的学習や表現技術（ピアノや工作や運動遊びや手遊びなど）を学習しても、保育者になるための学習としては十分とはいえません。これらの知識を身につけたうえで、実際の子どもとかかわってみなければ子どもの姿がわからないからです。「百聞は一見に如かず！」ですね。

2 施設現場で体験する意味

　子どもを知るためには、基礎的な知識や技術の学習とともに、目の前にいる子どもを見ること（観察すること）が必要です。その点でも、児童福祉施設の実習体験にはとても重要な役割があります。実習体験を通して、子どもへのかかわり方（やさしい言葉かけとはどのタイミン

グでどんなかたちでするのか、一人ひとりの子どもの年齢は同じであって
も個人差や特徴があるとはどういうことなのか)、児童福祉施設を利用し
ている子どもの保護者とのかかわり方、児童福祉施設の保育者間の役
割・機能などについて、目の前で学ぶことができるのです。

3 対象児(者)理解

　保育者は、乳幼児の保育と保護者の支援にあたります。しかし、ひ
とくちに保育や支援といっても、一人ひとりの育ちの背景などによっ
て支援の方法が異なります。また、児童福祉施設は、家庭での養育が
困難な子どもや障がいなどのために治療・訓練を必要とする子どもが
主に利用していますが、**障がい児(者)施設には成人の利用者も多く
います**。対象児(者)を理解したうえで心を通わせ、心の奥深く感じ
ていることを読み取ったり、信頼関係にもとづいたコミュニケーショ
ンをとったりしながら、相手を知っていくことが大切ですね。

　多くの児童福祉施設(以下、施設と略)では、保育所や幼稚園、認
定こども園といった保育施設とは生活様式が異なるため、それにとも
なう子どもの育ちの特徴も理解していきましょう▶2。施設実習は、
その多くが宿泊をともなった実習であることも特徴の一つです。一日
を通しておこなわれている保育や支援、援助の内容についての理解も
大切です。

　また、保育を支えるさまざまな職員の動きや言葉が、子どもたちに
とってどのような意味のある支援や援助につながっているのか、具体
的な場面から学んできてください。

▶2
児童福祉法においては保
育所も児童福祉施設に含
まれますが、ここでは保
育実習での区分にもとづ
いて言及しています。
(p.43参照)

4 実習の流れ

　続いて、実習の段階ごとのポイントを押さえておきましょう。

❶見学・観察実習

　保育の実際を理解するために、見学・観察はその第一歩として重要
です。大切なのは、**どのような意識をもって観察するのか**(観察する

べきか）ということです。たとえば何となく子どもを眺めているだけでは、大切なことを見逃してしまうかもしれませんね。子どもたちは休みなく活動しているので、目の前の生活場面や活動内容は次々に変化していきます。大切なことを見落とさないためには、今までに学習した知識と、実習前に調べた実習施設の情報とをもとに、目標設定を明確にしておくことです。

　見学や観察は、皆さんが思い描いていた子どもや保育者の実際の姿を理解するための大切な一歩です。以下に、見学・観察実習のポイントをあげますので、一つひとつ確認してみてください。

●事前に、実習施設の設立の背景や施設の方針を調べておきましょう。
●実習施設が位置している環境、つまり地域の雰囲気や建物の外観などを知っておきましょう。
●室内の構造や庭などの様子、飼育動物や花壇など、敷地内の環境とその機能を見ておきましょう。
●施設の職員間のコミュニケーションの様子や、さまざまな場面での子どもへの接し方を見て学びましょう。
●子どもたちにはさまざまな性格・気質があります。また、施設を利用するまでの背景によって心に抱えている問題もあるでしょう。**子どもの様子に応じて、保育者がどのようにかかわっているかを見てきましょう。**

❷参加・部分実習

　見学・観察実習を体験したら、参加・部分実習に進みます。実習生は保育者の手伝いをしたり、保育者からの指導を受けながら仕事を分担していきます。保育者（担任）の仕事を補佐していくうちに、子どもとのかかわりも増えてきます。しかし、あくまでも実習生としての立場を忘れることなく、職員の指導のもとで臨まなくてはなりません。では、参加・部分実習のポイントを見てみましょう。

●子どもとの活動（遊びなど）に夢中になってしまい、「今、自分は施設実習の最中なのだ」ということ、つまり自分の立場や学習の目的を忘れることのないようにしなければなりません。
●保育者の作業・業務を補助的に遂行することを目標にするのではな

▶3
p.26の「3 プライバシー
の厳守」を参照。

く、**補佐をしながら、保育者がどのような意図や目的でデイリープ
ログラムを立てているのかを学ぶことが大切です。**

●子どもと接しながら名前や顔を覚えること、それぞれの育ちの背景
を理解することに努めましょう。もちろん、守秘義務▶3を忘れて
はいけません。

●実習生の立場をわきまえたうえで、一生懸命に行動することは大前
提です。保育者の気配り・目配りから目を離さずに、主体的・意欲
的・情熱的・行動的に学ぼうとする態度が大切です。

●子どもとのかかわりに積極的に参加して、施設の一日の流れを部分
担当させていただきましょう。

●保育者と子どもと保護者との関係を、それぞれの立場になったつも
りで観察してみましょう。

❸責任実習

　実習期間の後半になると、施設実習のまとめの意味で、保育者に代
わり実習生が中心になって活動を進めることがあります。施設の利用
者の特色により、グループで実習に臨むこともあります。**責任実習は、
見学・観察実習や参加・部分実習の経験をもとに、実習生自身が身に
つけた力が試されるときでもあります。**前半の実習経験を生かすこと
と、施設の特性・背景を常に意識することを忘れないようにしましょ
う。

　施設長や担当保育者が見守るなか、強いプレッシャーを感じる実習
生も多くいますが、成長するための大切なチャンスと受けとめてくだ
さい。こうした経験の一つひとつが保育者としての専門性を育ててく
れますから、前向きに乗り越えていきましょう。失敗を恐れてばかり
でなく、子どもたちと楽しむ意識をもつことが大切です。苦手なこと
は克服して、得意なことについてはさらにブラッシュアップして臨む
気持ちをもちましょう。

施設実習の事前学習

本章では、実習開始前にどのような準備が
必要なのか、一つひとつ確認していきます。
子どもたちや施設の職員に対するかかわり
方、守秘義務、電話や事前訪問における
基本マナーなどについて学びます。
ここまで学んだら、いよいよ実習も
目前です。実習課題・計
画作成のポイントから日
誌の書き方まで楽しく学
びましょう。

1 子どもに対する態度・行動

1 相互的なかかわり

　施設実習について、実習生からは次のような言葉がよく聞かれます。「私にできるのだろうか?」「実習先でどう行動すればいいの?」「実習先が保育所なら想像できるけど、施設は想像できない」「一日を通してどうかかわるの?」「どんなことを話せばよいのか」。このような声が次々にあがります。普段は学生として生活を送っているのですから、施設の利用者と生活をともにしながら実習に臨むことに自信がもてないのはあたりまえですね。

　しかし、考えてみてください。**施設実習は、今日まで身につけてきた保育者としての知識・技術を活かしながら臨む体験学習の場です。**本書を手にしているあなたが、さまざまな学びを積み重ねてきたからこそ得られる機会なのです。また、子どもたちをはじめ、職員も、実習生を「保育者のひとり」として見ています。そのため実習生にも「施設の職員らしさ」が求められます。**いつも不安そうな顔をしている保育者はいませんね。**実習中、子どもたちと生活をともにし、お互いの思いを共有・共感していくことで信頼関係が築かれていきます。そのなかで、実習生にも施設の職員らしさが出てきます。

　施設の職員らしさは、「子どもたちから学ぶ」という姿勢とも大いに関係します。「子どもたちに教える」という側面のみが強調されると、信頼関係は築けません。施設の職員の営みは、「職員が子どもたちを育てる・育てている」「職員のおかげで生活が営まれている」といった単純な関係ではありません。**子どもたちと職員との関係は、互いに影響を与え合う相互的なかかわりです。**皆さんにとって、「講義や教科書で知った知識としての、施設にいる子どもたち」が、施設実

習では「私に影響を与えると同時に、私が影響を与える子どもたち」になるでしょう。実習生が子どもたちから大きな影響を受ける一方、子どもたちも実習生から大きな影響を受けています。先に述べたように、実習生も子どもにとっては施設の職員であり、重要な人的環境の一つです。「実習生（学生）だから、子どもに大きな影響はないはず」という意識ではなく、保育者としての自覚をもって実習に臨むことが求められます。子どもから学ぼうとする謙虚な姿勢が、真面目で誠実な態度へとつながり、それがさまざまなことを吸収する土台となってより充実した施設実習になるのです。

2 全体への意識と個の重視

　実習が始まると、「常に抱っこをせがむ」「実習生を独占したがる」「実習生を避けて行動する」「実習生が話しかけても反応がない」など、実習生を強く意識するからこそ、日常とは異なった様子を見せる子どもがいます。実習生も、実習開始後3日間程度は、慣れない実習環境から不安や心配が絶えず、つい、この「自らかかわってくる特定の子」「全くかかわろうとしない子」との関係づくりに流されて、一日が終わってしまうことがあります。

　しかし、**保育者を志す皆さんには、配属されたクラス全体と個に目を配ることが求められます**。目を配るといっても、「配属されたクラスの子どもの誰が、どこで何をしているか」を把握できただけでは十分とはいえません。施設の特徴、一人ひとりの特徴や興味・関心をふ

まえて、「どのようにかかわれば、この子が感じていること・考えていることが理解できるか」「実習生としてのかかわりが、子どもの変容にどうつながるのか」「実習生自身はどのような体験が得られたか」などを十分に理解する必要があります。そのような理解のもとで、バランスのとれた管理・援助・支援をおこなうことが大切です。しかし、これは実習生にとって簡単なことではありませんね。まず、積極的に子どもにかかわる努力（やさしい言葉かけや、ふれあうことなど）をして、そこから視点を広げてみてください。

　上記のような学びにつなげていくためには、できる限り**記録をとること**が必要です。その日の子どもとのかかわりや、観察・体験した具体的な内容を記録しておくことで、そのクラス（集団）としての実態や個々の背景を把握することができます。しかし、集団を対象に記録し把握することは容易なことではありません。また、実習中にメモばかりとっている姿は望ましくありませんので、**受けとめた状況をキーワードにしてメモしておきましょう**▶1。一日のキーワードを積み重ねていくことで、子どもたちの生活の実態や個々の背景が把握できます。このキーワードメモは、日誌を書くときにも活用できますね。

　また、多くの実習生が困惑する状況として、①子どもの遊びが停滞しているときなどに、急にアイディアを求められることがある、②他児・他者とコミュニケーションをとることが苦手な子どもが実習生に依存してしまう、③しつこくスキンシップをとることで、怒る・許すなどの（実習生の）許容範囲をはかろうとする、などがあげられます。

　さらに、実習生の消極的な感情として、①実習中何をしたらよいかわからないので、かかわりやすい特定の子どもと問題なく時間を過ごしたい、②遊びの時間なども主体的な活動をせずにやり過ごしたい、といったことがあげられます。

　このような困惑や不安はなかなか避けて通れないものですが、実習担当職員とやりとり（質問や確認）をしながら、子どもたちと自分のかかわりを振り返る必要があります。

▶1
ポケットに入り、片手に収まる程度のメモ帳を用意しましょう。

❸ 施設環境に入ること

　児童福祉施設はそれぞれに特色・特徴があります。たとえば乳児院なら、食事、排泄、睡眠、遊びなどが活動の中心になります。あるいは肢体不自由児なら、活動の中心は療育や遊びやリハビリテーションになります。施設ごとにさまざまなかたちで日々の活動が構成されて、遊びや作業やリハビリや療育を中心に活動が展開されています。そのため、一日の活動内容の意味は重要視されています。子どもたちと楽しく充実した時間を過ごすということも、実習中の大切な観点であるといえますね。では、実習生がどのように生活を展開していけばよいのか考えてみましょう。

　たとえば児童養護施設において、遊びが滞<ruby>滞<rt>とどこお</rt></ruby>ったり面白味に欠けたりすると、子どもたちは自分たちで何とか改善しようとします。あれやこれやと知恵を出し合い、楽しい遊びに向かって進んでいくでしょう。周りが驚くほど斬新なアイディアを出すことも珍しくありません。そんなとき、実習生が「積極性が大事だから、今こそ私の力が発揮できるとき」とはりきって、率先して遊びを引っ張ったとしましょう。子どもたちは、とたんに「実習生が何か面白いことを考えてくれる、遊びのアイディアを出してくれる」と依存することがあります。こうなると実習生は、「面白い遊びを続けて提供しなければ」「今度は何をしたらよいのだろうか」と焦って困惑するあまり、空回りしてしまうことが多いのも現実です。遊びのアイディアを繰り出すことばかりを意識せず、日常生活の環境になじみ、施設実習の本来の目的を理解しましょう▶2。実習前に数多くの手遊びの仕方を求めたり、「絵本の読み方だけ教えてほしい」と筆者のところへ相談に来る学生も多いのですが、そういった活動だけにこだわらず、**施設の生活になじみながらその施設の特徴を理解して、保育者の役割を学び取りましょう。**

❹ トラブルが発生したとき

　実習生が実習中に困惑する場面の一つに、たとえば児童養護施設や

▶2
巻末に、生活のなかで自然にできる遊びを掲載しています。

乳児院での、子ども同士のけんかがあげられます。**子どもにとってのけんかは、対等な関係性のうえに成り立ち、お互いの自己主張や感情のすれ違いを自分たちで解決しようとする姿です。** 子どもは、けんかを通して相手にも感情や主張があることを知ります。さらに、自己主張の仕方（たとえば、相手に対して強く主張することや意見をゆずることなど）を学びます。子どもの社会性の発達を考えるとき、けんかは必要不可欠なものであることを、実際の現場を体験するなかで理解できるでしょう。

けんかに対する認識は、各施設によってさまざまです。実習前のオリエンテーションの際、施設長や教職員に子どものけんかに対する考え方を確認しておいた方がよいでしょう。これらをふまえたうえで、実習中子どもがけんかをしている場面に出会ったら、望ましい対処を試みましょう。子どもに、①けんかの原因を聞いてみる、②けんかの流れを聞いてみる、③けんかを終えた今の気持ちを聞いてみる、④お互いが「ごめん」と思えることを聞いてみる、⑤解決策があるかどうか聞いてみる、などの対処が必要です▶3。

なお、上記の①から⑤の対処方法についても、年齢によって異なりますし、個人差や各自の気質・性格・育ってきた背景もあるため必ずしも有効とは限りません。いずれにしても、発達年齢に応じて一人ひとりの子どもの気持ちに寄り添い、ていねいに対応することが望まれます。もちろん、けんかの経緯や、その際に実習生が対応した内容などは必ず職員に報告します。実習生が一人で解決しようなどとは決して思ってはいけません。

▶3
知的障がい児（者）を対象とする施設では、対応の仕方が大きく異なることが予測されるので、十分な配慮が求められます。

2 施設の職員に対する態度・行動

　施設実習という「学習の場」に入るときは、個人差はあるものの誰もが不安になり緊張するものです。自分が、実習評価の対象として、「見られている」「評価はＡなのかＢなのか」などという意識が強ければ強いほどなおさらですね。このような不安や緊張は、施設の職員と良好な関係を築いていくなかで軽減できることもあります。ここで、職員に対する実習生の望ましい態度、適切な姿勢・行動を確認しておきましょう。

❶挨拶は基本です

　まず、挨拶は関係を築くうえでの基本であり、コミュニケーションの第一歩です。相手の目を見て会釈をし、笑顔で、相手が語尾まで聞き取れるようにていねいにはっきりと挨拶しましょう。挨拶をされた相手の爽快感はもちろんのこと、実習生自身も気持ち良いものです。挨拶にも実習生の品格が表れますね。

❷実習生としての立場をわきまえましょう

　実習施設は、日常の活動をおこないながら実習生の指導をしています。「未来社会の後輩保育者のために、時間を割いて指導をしてくださっている」という現状をしっかりとふまえる必要がありますね。実習を受け入れてくださる施設への感謝の気持ちが大切です。そのような気持ちは、常に謙虚でていねいな言動をとることで表しましょう。

　また、施設実習は、養成校と実習施設との信頼関係のうえに成り立っています。今後自分の後輩もお世話になることを考慮して、自分は学校の代表として施設実習をしているという姿勢・態度・言動を保ちましょう。

❸提出期限・時間厳守の必要性

　実習において、期限や時間を守ることは最も基本的なマナーの一つです。先に述べたように、実習施設は、通常業務と並行して実習生を受け入れています。実習担当職員は、業務日誌の記入や施設での行事の打ち合わせ、子どもたちへの対応など、多くの仕事を抱えながら実習指導をおこないます。そのため実習施設では、それらの業務を効率的にこなすために計画性をもって進めています。実習生が実習日誌の提出期限やさまざまな業務の時間を守ることは、実習生の印象をよくするだけではなく、実習担当職員の業務を助けることにもなるのです。職員がスムーズに日常業務と実習指導にあたることができれば、子どもたちも最善の支援を受けることができますね▶4。

　また、最善を尽くしたうえで、もし何らかの事情で頼まれた仕事や日誌の提出時間が間に合わない場合は素直に報告し、指示や指導を受けましょう。「評価が下がったらどうしよう」「学校に報告されたら困る」「叱られるかもしれない」などと黙っておくことは、よい結果を生みませんので気をつけましょう。

❹はきはきとした声で応答する

　仕事を依頼されたときや指導を受けたとき、質問を受けたときは、はきはきした口調で受け答えをすることが必要です。また、手があいた際には、「何か私にできることはありますか?」と積極的・意欲的・行動的に自らたずねたり、職員の仕事を見ながら「私にやらせてください」と申し出るなど、常に主体的に行動するよう心がけましょう。

　しかし、気がついたことがあっても、**実習生自身の判断のみで勝手に動かないことです。**必ず、実習担当職員に確認をしてから行動しましょう。また同様に、自分の持ち場を離れるとき、施設にあるものを使用するときも、担当保育者の許可を必ず得てから行動する必要があります。その際には借用の目的も伝えましょう▶5。

❺「なぜ?」「どうして?」を意識し、質問をしましょう

　施設実習は、今まで学んできた理論を実践に移す場です。しかし実践に移す段階になると、どのように子どもにかかわっていったらよいのか、どのような言葉が「やさしい言葉かけ」になるのか、などとさ

▶4
言い換えれば、実習生が期限や約束を守らないことによって、子どもたちと職員がかかわる時間が損なわれるかもしれないのです。

▶5
たとえば「子どもたちと遊びたいのでボールを借りてもいいですか」など、明確に伝えましょう。

まざまな疑問が生じてきます。**「疑問は自分が成長するチャンス」**と
しっかり受けとめ、意欲的・積極的に質問をする習慣を日常的につけ
ておきましょう。このときに、「こんなことを聞いてもよいのだろう
か」「（担当保育者に）質問をするタイミングがわからない」と迷って
いると疑問が解消されないままになり、不安を感じながら実習を進め
ることになってしまいます。「昨日の疑問」は、子ども・実習生双方
にとってマイナスです。**その日の疑問は、その日のうちに解消・解決
するよう努めましょう。**

　また、質問をする時間帯などについて、あらかじめ実習担当職員に
確認をしておいた方がよいでしょう。たとえば、反省会などの振り返
りの時間において実習担当職員から質問の有無を聞かれて、「特にあ
りません」で終わってしまっては、実習担当職員には実習生の問題意
識の低さが印象に残り、実習生が考えていることや人間性などは伝わ
りません。疑問を疑問のままに終わらせず、問題解決して、消化して
いく姿勢・態度が実習担当職員の刺激になり、「教えがいがある実習
生」「指導のしがいがある実習生」になることができます。これらの
質問・疑問を発していく態度・行動・姿が、結果として実習中の良好
な人間関係やコミュニケーションを維持する原動力となります。

3 プライバシーの厳守

❶ 実習生としてのモラル

　施設実習中は、実習日誌や記録、施設の行事、保護者との面会、施設に展示されている広報誌など、施設や個人に関する情報を見聞きする機会が大変多くなります。個人情報の取り扱いには、十分な注意が必要です。これもまた保育者に求められる配慮です。個人情報の取り扱い方の注意点を、下記に示しました。しっかりとポイントを押さえて実習に臨みましょう。

■プライバシーへの配慮に欠ける行動例

●行き帰りの電車やバスの中では、施設に関するもの（広報・資料・実習日誌など）は見ないようにしましょう。周りには大勢の人がいます。また、紛失する危険もありますね。

●子どもたちとの距離感に配慮しましょう。特定の相手とばかりかかわることは公平性に欠けるため、実習生として望ましい行為ではありません▶6。

●実習記録には、「Aくん／Bちゃん」などと仮称を使いましょう。

●実習終了後であっても、実習先で聞いた出来事・出会った場面の出来事は話さないようにしましょう。

●実習に関することを第三者に口外することはもちろん許されません。実習生の家族に対しても同様です。

●実習生同士だと、施設の子どもの実名を出しながら会話をしてしまいがちです。十分に気をつけましょう。

●子どもの個人情報（例：「○○ちゃんの家族は面会に来ない」「○○くんの病名は△△なんだって」）について、実習以外の場所で話題にす

▶6
p.82の事例を参照。

るような行為は絶対にやめましょう。

2 保護者とのかかわり

　実習生といえども、保護者にとっては、あなたも施設の職員です。施設によっては、実習中に保護者から話しかけられたり質問されたりする場面もあるため、保護者への対処について事前に整理しておきましょう。

■保護者への対応例

●服装、髪型、化粧、履いている靴などについて、保護者からどのように見られているか意識しましょう▶7。

●わからないことは安易に答えず、即答できない旨をはっきりと伝え、「私は実習生なので、このことは○○先生に連絡いたします」と対応しましょう。あいまいな態度は、保護者を不安にさせてしまいます。

●保護者に対して、自己判断で子どもの日常生活などを話してはいけません。たとえば、「△△くんは、よくがんばっていますよ」「□□ちゃんは○○ができるようになりましたので、安心してください」など、その子のことをよく知っているかのように誤解させる態度は禁物です。

▶7
実習生らしい清潔感、明るさを意識しましょう。黒目を大きく見せるためのカラーコンタクトレンズが流行していますが、生き生きとした瞳の印象を変えてしまうので望ましくありません。

うちの子、皆と遊べるようになったんですよね? 山口さんから聞いて…

実習生の山口さん

えっ?!

4 電話の基本マナーと実際の流れ

1 電話をかける前の準備と心がまえ

❶実習希望施設との連絡の開始

　ここからは、実習前におこなう施設とのやりとりについて学んでいきましょう。実習受け入れの可否については、まず皆さんの学校宛に回答が届きます。回答を受け取ったら、学生から実習施設へ直接連絡します。最初の連絡は電話での挨拶とお礼になり、さらに、実習開始までの準備事項の確認をおこなうことになりますが、この確認は訪問しておこなうことが望ましいでしょう。訪問の時期はおおむね実習開始の1、2か月前が目安です。

　また、学生自身が実習の相談をする場合や、正式な受け入れ回答の前に事前面談を求められる場合、訪問時期はさらに早まることもあります。

　「訪問は実習初日まで不要です」という施設もありますが、できるだけ実習開始1か月前までに一度以上足を運び、施設の雰囲気を肌で感じるようにしましょう。事前訪問をすることが、実習開始前の不安解消にもつながりますね。

❷実習施設へ連絡をするときの注意事項

　学生から実習受け入れを依頼する場合、次の3点は必ず押さえておきましょう。「たった3点」でも、緊張していると忘れてしまうことがあります。

①第一に、必ず「学校名」と「自分の名前」を伝えましょう。

②施設実習を希望している旨を伝えてください。

③電話の目的を伝えてください。

実習生一人ひとりの状況によって、③の内容は変わりますね。電話をかける前に、要点を整理しておきましょう▶8。

実習受け入れの内諾を得ている場合：

　実習の許可に対するお礼をまず伝えてから、必要事項（必要書類・日程など）を確認して、事前訪問の予約について落ち着いて相談しましょう。

実習受け入れ決定前の面談の場合：

　「面談の機会をいただきありがとうございます」など、対応へのお礼を伝えてから、面談日の予約について落ち着いて相談しましょう。

学生から実習の相談をする場合：

　受け入れ状況の確認をしてから、受け入れの可否、必要事項（必要書類・日程など）の確認、事前訪問の予約について落ち着いて相談しましょう。

　電話をかける際は、実習施設の職員が特に忙しい時間帯（月曜日の午前中や食事の時間帯など）を避けることが大切です。担当者が多忙・不在の場合は、**いつごろかけ直したらよいかを確認して**、相手の都合に合わせて実習生からかけ直します。

❸実習希望施設と事前にやりとりをする意味と必要性

　実習は、子どもや職員との人間関係のなかで学びを深めるものです。実習施設への電話連絡は、自分自身を理解してもらい、実習施設の「人の輪」に入る第一歩なので、一つひとつの電話に気持ちを込め、きちんと挨拶や自己紹介をして自分の希望を伝えるとともに、相手の意向を確認することが大切です。

　電話での対応で、「人間関係を真面目かつ誠実に築こうとしており、学ぶ意欲や熱心さがある」学生であるか、反対に「学ぶ意欲も人間関係を築く意欲も伝わってこないし、実習への意気込みが全く感じられない」学生であるかが判断されるため、常に誠実な態度で取り組むことを心がけましょう。

▶8
頭の中だけで整理しようとせず、箇条書きにするなど工夫しましょう。

2 電話によるアポイントメントの取り方

続いて、実際の電話でのやりとりを見ていきましょう。

<u>学生</u>　お忙しいところ恐れ入ります。わたくしは、<u>（学校名・学年）</u>
　　　　　　　　　　の <u>（氏名）</u>　　　　　　　と申します。
本日は実習の件でお電話させていただきましたが、実習の担当の先生
はいらっしゃいますか▶9 。

▶9
空欄にあなた自身の情報
を書き込み、声に出して
読んでみましょう。

A：担当職員がいた場合（挨拶・お礼）

<u>学生</u>　お忙しいところ失礼いたします。わたくしは、<u>（学校名・学年）</u>
　　　　　　　　　　の <u>（氏名）</u>　　　　　　　と申します。
保育士資格の取得のための実習について、お電話を申し上げました。
（①から③のいずれかへ続く）

①実習受け入れ内諾のお礼の場合：

　〇月に実習をお受け入れくださるとのお返事を大学へいただきました。このたびはありがとうございます。どうぞよろしくお願いいたします。

②実習受け入れ決定前の面談の場合：

　実習のお受け入れに際して面談をしていただけるとのこと、ありがとうございます。どうぞよろしくお願いいたします。

③学生から実習受け入れを相談する場合：

　ぜひ、そちらの <u>（施設名）</u>　　　　　　　で、実習をさせていただきたいと考えております。

　①から③のいずれかの挨拶のあと、A－1へ進みましょう。

B：担当職員が不在の場合（日時を改めてかけ直す）

<u>学生</u>　それでは、いつ頃でしたらいらっしゃいますか。

<u>施設職員</u>　（〇月〇日の〇時頃でしたらいると思いますよ、など回答）

<u>学生</u>　ありがとうございます。それでは、　　　　月　　　　日の
<u>（午前／午後）</u>　　　　時頃に、もう一度お電話させていただきます。
失礼いたします。（日時を改めてかけ直す。最初に戻る）

A‐1：挨拶のあと、電話の用件を伝える

①内諾後の必要事項の確認の場合：

学生 ○○についてご相談したいのですが、（アかイのいずれかへ続く）

ア　電話で確認できる事項のとき：

　このままお電話でおうかがいしてもよろしいでしょうか。（決定している受け入れ日程の確認、健康診断書・細菌検査書の内容や提出日時、誓約書に記載する代表者名、事前訪問の日時・服装・持ち物など）▶10

イ　電話だけでは確認が難しい事項のとき：

　つきましては、一度訪問してご相談したいのですがよろしいでしょうか。いつ頃お伺いしたらよろしいですか。（日程について学生から特に希望がある場合の打ち合わせ、実習目標・実習計画の打ち合わせ、実習中の留意事項など）

②実習受け入れ決定前の面談の場合：

　面談には、いつ頃お伺いしたらよろしいでしょうか。

③実習受け入れを相談する場合：

　実習のお受け入れはなさっていますか。（受け入れている場合）時期についてはいつ頃を予定されていますか。…（○月です、など回答）…私を実習生としてご検討いただけますか。…（回答）…一度訪問して詳細をご相談したいのですが、よろしいでしょうか。…（回答）…いつ頃お伺いしたらよろしいですか。

　①から③のいずれかのやりとりのあと、A－2へ進みましょう。

参考：実習目的に関する電話での質問・回答の例

担当者 なぜ、うちの施設を選んだのですか。

学生 わたくしは（**学びたいことを具体的に説明**）

▶11を学びたいと思い、（**施設名**）　　　　　　　　　のことを　　　　（**例：インターネット、知人の勧めなど**）　　で知って、この機会に勉強をさせていただきたいと考えました。

▶10
確認事項は必ずメモにまとめ、手元に置いて電話します。

▶11
電話での説明は簡潔に、詳細な動機や目的は訪問して聞いていただくようにしましょう。

第2章　施設実習の事前学習

A‐2：訪問の予約

担当者 （訪問にお越しください／面談してから検討します／受け入れ可能ですので一度訪問においでください、など回答）

学生 ありがとうございます。それでは、いつ頃お伺いしたらよろしいでしょうか。

担当者 （○月○日の○時にどうぞ）

学生 はい、わかりました。それでは＿＿＿＿＿＿＿**月**＿＿＿＿**日（午前／午後）**＿＿＿＿＿＿**時**にお伺いします。失礼ですが、もう一度、先生のお名前を教えていただけますか。

担当者 （実習担当の○○といいます）

学生 ○○様（先生）ですね。ありがとうございます。どうぞよろしくお願いいたします。それでは失礼いたします▶12。

▶12
ひと呼吸置いてから、静かに電話を切りましょう。

❸ 実習施設が「困る」電話

　実習施設と連絡をとる際の学生の態度で、基本的なマナーを守れる人か、また、十分な学習ができているか、実習施設の担当者は読み取っています。以下に記載した例は、「このような学生を実習させてよいのか」と、学生の資質を疑われるものです。皆さんは十分に注意しましょう。

①実習目的（なぜこの施設を選んだか）を説明できない

　緊張のあまり黙ってしまったのだとしても、全く説明できないということは、「学習意欲がないのだろうか」「実習中、子どもたちや職員とやりとりができるだろうか」などと受け取られるため、事前に話すべきことをよく考え、まとめておくようにしましょう。

②自分の都合ばかりを話す

　実習施設と連絡をとる際に、アルバイトやサークルの事情など自分の都合を押しつけることは、実習施設との信頼関係を自ら崩してしまう行為です。さらには、「施設の指導を受け入れる気持ちが感じられ

ない、自分勝手である」などと、実習開始前から印象を悪くしてしまいます。実習施設の受け入れ体制を考えずに要望を出すことは避けましょう。

③実習を受け入れてもらって当然だと考えている

施設には、学生に実習の場を提供することで、専門家の育成を支援する役割が期待されています。しかし、実習を受け入れることによって、「多忙な通常業務のなかで、施設職員が指導の時間を割く」「業務に不慣れな実習生が参加するリスクを施設が負う」など、施設に負担を強いるものでもあることを理解しておいてください。相手の立場も想像できるようにしましょう。

④望ましくない環境から電話をかけている

スマートフォンから電話をかけるときは特に、自分の声が相手に聞こえにくい状況を避けるよう注意しましょう。

電話をかける環境をチェックしよう

☐できるだけ静かで、電波状況がよい場所であること
☐相談内容について整理できていること
☐筆記用具や手帳など、必要なものが揃っていること

こんな電話のかけ方に気をつけよう

×移動中や街中、電波が届きにくい場所で通話する

×自分の手をメモ帳代わりにする

5 オリエンテーション（実習事前訪問）について

❶ オリエンテーションの目的

　オリエンテーション（実習事前訪問）は、実習施設の実習担当職員と打ち合わせをおこなうことが主となりますが、実習指導者と学生とがお互いの人柄にふれて関係を構築する第一歩でもあります。大切な時間としてとらえていきましょう。また、実習施設の雰囲気を知る貴重な機会なので、実習開始前に必ず一度は訪問するようにしましょう。

　事前訪問の内容は、実習受け入れの回答をいただいたあと、学生と実習指導者で詳しい打ち合わせをおこなうオリエンテーションが中心であり、この場合、実習開始1、2か月前が訪問時期の目安になります。

　ただし、以下の①から③のような場合は目安となる時期を待たず、早めの段階で事前訪問を設定し、詳しい打ち合わせを済ませる必要がありますので気をつけましょう。

①実習依頼の相談を、学校側より先に学生からおこなう場合
②実習受け入れの決定前に、学生が面談をおこなう場合
③実習受け入れに際して、日程などの詳細な希望を学生から施設に直接伝える場合

　また、事前に必要な打ち合わせ事項が多い場合は2回以上の訪問を必要とすることもあります。訪問の段取りは実習施設により異なりますが、どのような段取りでも、訪問する際の基本的なマナーは共通しています。続いて確認していきましょう。

② 事前訪問に臨む基本マナー

①施設までの道順の確認

　自宅から施設までの道順は、事前に地図などを見て調べたうえで、不安な点があれば、訪問日時を相談する際に質問してください。遅刻はもちろん厳禁なので、時間に余裕をもって家を出ましょう▶13。もし途中で道がわからなくなったら、落ち着いて施設に確認の電話をすることも大切です。**無断で遅れることが最もよくないことです。**

②急な病気や事故など、当日の都合が悪くなった場合

　すみやかに施設へ連絡して丁重にお詫びし、日時変更を申し出ること。その際は必ず、訪問予約を受けつけてくださった職員（実習担当職員など）に連絡します。ただし、2回以上の変更依頼は非常識であり、約束を取り消されることもあるため注意しましょう。

③約束の時間に遅れそうな場合

　前日は早めに就寝して体調を整え、必ず時間通りに訪問できるよう気をつけることです。万が一遅刻しそうな場合は、速やかに施設へ連絡してください。理由を説明して丁重にお詫びしたうえで、到着の予定時刻を告げましょう。なお、施設から緊急の連絡が入ることがあるため、施設に電話をかけたあと、養成校（実習室や実習担当の教員）にも連絡をしてください。遅刻は、どのような理由があってもよくない印象を与えてしまうので、時間には十分余裕をもって家を出るようにしましょう▶14。

④実習施設に到着したとき

　まず事務所の窓口か、事前に指定されていた場所へ向かいましょう。その際、コートなどの上着、帽子、手袋などは脱いできちんとまとめるか手に持ってから、窓口で学校名と氏名を名乗り、担当者に取り次いでいただきます。
例：「恐れ入ります。私は、○○大学短期大学部○○科○年の○○と申します。実習担当の○○先生とお約束をしたのですが、○○先生は

▶13
自家用車で向かう場合、カーナビに任せきりではいけません。正門に到着するつもりが建物の裏にまわってしまうこともあります。また、道路状況は曜日や時間帯によって大きく異なることも計算に入れておきましょう。

▶14
あまり早く着きすぎるのも先方に迷惑をかけるため、約束の5分前頃に施設の窓口に着くよう時間を調整しましょう。

第2章　施設実習の事前学習

いらっしゃいますか」などと申し出るのがよいでしょう。

⑤案内していただくとき・担当者がいらしたとき

　まず、対応してくださる職員に、丁重に挨拶をします。そのあと、面接場所への移動など、指示に従って移動します。打ち合わせ場所では、着席をすすめられてから「失礼します」と言って着席し、担当者が入室してきたら、すぐに立って挨拶をします。なお、面談に際しては、施設を一巡してから面談に入る場合と、逆の場合とがありますが、どちらの場合でも担当者の指示をよく聞いて行動することです。

⑥訪問中の態度

　職員や子どもに対して挨拶を忘れないことです。挨拶は常に大きな声でするのがよいとは限らず、作業や活動中などは会釈程度がよいでしょう。周りの環境や状況をよく見て、迷惑にならないように配慮しましょう。また、見学中にメモをとるときは、できるだけさり気なくおこなうことが望ましいですね。

⑦担当者から説明を聞くとき

　大切なことはメモをとり、わからないことは質問することです。質問の仕方や言葉遣い、質問の内容にも気を配りましょう。施設の事業などについて質問することもよいですが、あまり根掘り葉掘り聞くことや批判的な質問などは失礼にあたるので避けましょう。**質問は、自分が知りたいことを聞くだけでなく、自分の理解度を担当者に知っていただき、信頼関係を築くためにも役立ちます**。また、施設の広報やパンフレットなど▶15をいただいて、帰宅後に熟読することも大切です。施設に関する理解が深まります。

⑧実習の目的についてたずねられたとき

　保育士資格の取得のための、養成校のカリキュラムにもとづく実習▶16であることを説明してください。同時に、学生自身の実習目的をたずねられることもあります。答えられないと、実習意欲がないものと受け取られるため、必ず事前に自分の考えを整理して、説明できるようにまとめておいてください。

▶15
パンフレットは「実習計画書」の資料にもなるため、大切に保管すること。

▶16
資格取得のための実習以外にも、自主的な学習を希望して臨む人もいます。そのため、養成課程における実習であることは明確にしておきましょう。

⑨**実習日程の調整をするとき**

　実習中に、学生自身が風邪などの病気で休んだり、施設の行事（誕生会など）の都合で実習の日にちがずれたりした場合、あとから日数や時間数が不足していることが発覚したり、実習期間が規定に合わない場合があるため注意しましょう。

⑩**訪問の終了時**

　丁重にお礼を述べて、退出します。忙しい業務のなかですから、長居はしないように配慮しましょう。ただし先方の許可や勧めがあった場合は、無理に帰ろうとするとかえって失礼にあたります。退出する前にもう一度挨拶するのを忘れないことがポイントです。

❸ オリエンテーションに臨む前に

　実習開始前のオリエンテーションでは、施設から、実習の心がまえや実習中の留意事項、施設の概要などについて説明を受けます。多くの場合、実習開始の2か月前頃から初日までの間におこなわれますが、施設がそれぞれの状況に合わせて実施します。以下の❶、❷の例を参考にして、日程や場所、内容、経路などを確認しましょう。また、実習施設の「実習受け入れ回答書」にオリエンテーションについて書かれている場合もあります。必ず確認してください。

　また、オリエンテーションの際に、誓約書その他必要書類の提出をおこないます。誓約書は、実習生が専門職倫理を遵守すること（個人情報の保護など）、怠惰・不品行など信用を失うような態度で実習に臨まないことを、実習施設に約束する文書です。実習開始前に実習施設に直接提出します。オリエンテーションの段取りについては、以下の例を参考に、実習施設と連絡をとってください。

❶オリエンテーションのための連絡の手順

①学校名と名前を伝え、実習指導担当職員に取り次いでいただきます

　実習指導担当職員が電話に出たら、まず、実習の受け入れを承諾いただいたことに対するお礼を述べましょう。続いて、オリエンテーションについて以下の内容を確認します。

▶17
本書や、使用している副教材も持参しましょう。

▶18
実習施設より送付された「受け入れ回答書」などに代表者名が記載されていても、必ず自分で確認することです。

▶19
p.46、51を参照。必ず下書きをしてから作成しましょう。施設概要の作成に資料が必要な場合、訪問時に相談できるよう、不明な点を事前に明らかにします。

●日時、集合場所

●服装（原則はスーツ着用。髪型は華美にしない。アクセサリーなどはつけない。清潔な印象を与える格好を心がける。体験学習のある場合などは、「動きやすい服装」という指示があるので、指示をよく聞くこと）

●持ち物（筆記用具は必携。上履きの要否、その他必要な持ち物を確認すること▶17）

②**誓約書と必要書類を提出したい旨を伝え、段取りを確認します**

●代表者名（どなた宛に誓約するか確認すること。また、漢字も決して間違えないこと▶18）

●提出時期（いつまでに提出すればよいか、確認すること。オリエンテーション時、または実習初日になることが多い）

③**「実習課題・実習計画」「施設概要」の作成が事前学習課題となっていることを伝え、次の必要事項を確認します**

●実習生が作成した「実習課題・実習計画」「施設概要」▶19が適切であるか、確認をしていただきたいこと。

●「施設概要」について不明な点がある場合、資料をいただきたいこと。

④**その他必要書類（健康診断書・細菌検査書）について、以下の内容を確認します**

●書類の要否（必要な場合、検査内容を確認する）

●提出時期（多くはオリエンテーション時、または実習初日が指定される）

　忙しい時間に対応していただいたことに対するお礼を述べてから、電話を終えましょう。感謝の気持ちは常に言葉と態度で表しましょう。

❷オリエンテーションに臨む際の注意

①電話や訪問に際しては、マナーを守りましょう

　実習前の連絡・訪問時の態度によって、実習生として真剣に学ぶ姿勢があるかどうかが判断されます。訪問にあたっては、学生としてのマナーを守り、実習前の連絡調整に必要な事項を理解しましょう。

②提出を求められた書類は忘れずに持参し、提出します

　健康診断書、細菌検査書、その他実習施設より事前に提出を求められたレポートなどを準備しておき、忘れずに提出しましょう。誓約書の提出は必須です。

③持ち物、服装、その他必要な事項を念入りに確認しましょう

　持ち物、服装は実習施設から一つひとつ指定されるわけではありません。自分なりにTPOに合わせた服装・持ち物を選び、そのうえで確認を受けるようにします。

　原則として、実習先への移動手段は公共交通機関を利用しましょう。自家用車を希望する場合は、自家用車の利用が可能かどうか直接確認して許可を得ましょう。

④見学・体験の時間をいただき、施設の雰囲気を感じ取りましょう

　事前訪問は必要事項の連絡にとどまらず、実習施設の雰囲気を肌で感じる貴重な機会になるため、担当者が多忙な時間を避けて訪問し、なるべく施設の見学をさせていただくようにしましょう。また、ボランティア活動に参加することも、実習施設の業務を体験するよい機会になります。ふだんからボランティアを受け入れている施設も多いので、積極的に相談してみましょう。

4 実習巡回指導教員への挨拶

　皆さんは保育士養成課程の実習に臨みますので、実習期間中に、養成校の教員による巡回指導を受けることができます。自分の実習施設の担当教員名を確認し、実習開始1週間前[20]までに巡回指導教員のところへ挨拶に行きましょう。

　その際、「巡回指導教員挨拶用紙」（右図参照）を持参し、実習生本人が直接手渡します。同一施設に複数の学生が配属されている場合は、学生同士で連絡を取り合い、一緒に挨拶に行きましょう。連絡先がわからない場合は、実習指導室を訪問します。また、先生方のオフィスアワーなどを確認したうえで研究室を訪ねるようにしましょう。

　多くの場合、巡回指導は実習中盤におこなわれます。先生が巡回に来る日を心待ちにしている実習生も多いことでしょう。実習で体験したこと、喜び、発見など、あれもこれも話したくなりますね。ただし、あくまでも「指導を受ける機会」であることを忘れてはいけません。「本日はお忙しいなかありがとうございます」と感謝の気持ちを伝えて、これまでの実習の様子や今後の目標を報告します。なお、日程など何らかの変更があった場合は必ず巡回指導教員に報告してください。

　また、巡回指導教員を施設の職員に紹介するのも実習生の役割ですね。施設の職員には、「巡回指導を受ける時間をとっていただき、ありがとうございます」などとお礼を述べることも大切です。

[20]
実習が長期休業中に予定されている場合は、休みに入る1週間前。

巡回指導教員 ＿＿＿＿＿＿＿＿＿ 先生

写真貼付

（3cm×4cm）

私は、保育実習を下記日程にて行いますので、巡回指導をお願いします。

在籍	大学　　　　学部　　　　学科　　　　年　在学中			
学籍番号	クラス	ふりがな		
		氏名		
電話番号（自宅）（　　　）　　－		電話番号（携帯）（　　　）　　－		

実習名　□保育実習Ⅰ（施設）□保育実習Ⅰ（保育所）□保育実習Ⅱ □保育実習Ⅲ（レ点をつけること。）

実習先

種別	施設名	実習担当者名

□母園　□ボランティア先　□アルバイト先　□通い実習　□宿泊実習（当てはまるもの全てにレ点をつけること。）

施設住所：〒　　　－

TEL （　　　）　　－

最寄り駅	最寄り駅からの経路　（徒歩・バス・タクシー、所要時間　等）
線　　　　駅	＊周辺地図の添付可（その際経路を赤線で示すこと）

実習期間：　　　年　　　月　　　日（　）～　　　年　　　月　　　日（　）

実習の目標（実習で何を学び、そのために何をしたいか　等）

実習への抱負（将来どのような保育士を目指すのか　等）

提出日　　　年　　　月　　　日

＊この用紙は、原則として巡回指導教員に実習開始1週間前までに提出すること。

＊この用紙は、原則として巡回指導教員に実習生本人が直接手渡すこと。

＊この用紙の他に、実習先受け入れ承諾書のコピーを添付すること。（各自でコピーをとってください）

6 実習計画の必要性と作成のポイント

① 施設実習の課題設定

　施設実習は、保育士養成課程の「保育実習Ⅰ」と「保育実習Ⅲ」に相当します。そして、厚生労働省によってそれぞれの「目標」が定められています。ここで右の表の目標を確認してみましょう。

　目標を見ると、実習は「既習の教科目の内容を踏まえ」て臨むものであり、実習前に身につけた知識、意識をもとに、具体的・総合的・実践的に学ぶ場であることが示されています。そして、実践的な学びを得て初めて、皆さん自身の「自己の課題」が明確化できるのです。ということは、「注意されなかった」「特に困ることがなかった」「評価がよかった」「つらくなかった」「楽しかった」実習が、よい実習ということではありません。**皆さんが自分自身で困惑や葛藤を感じ、それを振り返り、反省や課題に向き合ってこそ、実習目標の「自己の課題を明確化する」ことにつながるのです**。ぜひ、この目標を忘れずにいてください。

❶実習課題設定のポイント

　目標を確認できましたら、いよいよ実習課題の設定です。実習生一人ひとりが、保育者になるための実習において何を学び達成するのか、具体的に考えていきます。課題設定のためには、実習先の施設に関する情報を把握しておくことが大切です。実習への目的意識をしっかりと確立して、実習の一日一日を過ごしていきましょう。

　また、実習課題を設定しても、実際の実習現場とかけ離れていては、目標としての意味がなくなってしまいます。繰り返しになりますが、実習施設の理解がとても重要なのです。**施設を事前によく把握してい**

〈教科目名〉
保育実習Ⅰ（実習・4単位：保育所実習2単位・施設実習2単位）

〈目標〉
1．保育所、児童福祉施設等の役割や機能を具体的に理解する。
2．観察や子どもとの関わりを通して子どもへの理解を深める。
3．既習の教科目の内容を踏まえ、子どもの保育及び保護者への支援について総合的に理解する。
4．保育の計画・観察・記録及び自己評価等について具体的に理解する。
5．保育士の業務内容や職業倫理について具体的に理解する。

〈保育所実習の内容〉
1．保育所の役割と機能
　　(1) 保育所における子どもの生活と保育士の援助や関わり
　　(2) 保育所保育指針に基づく保育の展開
2．子どもの理解
　　(1) 子どもの観察とその記録による理解
　　(2) 子どもの発達過程の理解
　　(3) 子どもへの援助や関わり
3．保育内容・保育環境
　　(1) 保育の計画に基づく保育内容
　　(2) 子どもの発達過程に応じた保育内容
　　(3) 子どもの生活や遊びと保育環境
　　(4) 子どもの健康と安全
4．保育の計画・観察・記録
　　(1) 全体的な計画と指導計画及び評価の理解
　　(2) 記録に基づく省察・自己評価
5．専門職としての保育士の役割と職業倫理
　　(1) 保育士の業務内容
　　(2) 職員間の役割分担や連携・協働
　　(3) 保育士の役割と職業倫理

〈児童福祉施設等（保育所以外）における実習の内容〉
1．施設の役割と機能
　　(1) 施設における子どもの生活と保育士の援助や関わり
　　(2) 施設の役割と機能
2．子どもの理解
　　(1) 子どもの観察とその記録
　　(2) 個々の状態に応じた援助や関わり
3．施設における子どもの生活と環境
　　(1) 計画に基づく活動や援助
　　(2) 子どもの心身の状態に応じた生活と対応
　　(3) 子どもの活動と環境
　　(4) 健康管理、安全対策の理解
4．計画と記録
　　(1) 支援計画の理解と活用
　　(2) 記録に基づく省察・自己評価
5．専門職としての保育士の役割と倫理
　　(1) 保育士の業務内容
　　(2) 職員間の役割分担や連携
　　(3) 保育士の役割と職業倫理

〈教科目名〉
保育実習Ⅲ（実習・2単位：保育所以外の施設実習）

〈目標〉
1．既習の教科目や保育実習の経験を踏まえ、児童福祉施設等（保育所以外）の役割や機能について実践を通して、理解する。
2．家庭と地域の生活実態にふれて、子ども家庭福祉、社会的養護、障害児支援に対する理解をもとに、保護者支援、家庭支援のための知識、技術、判断力を習得する。
3．保育士の業務内容や職業倫理について具体的な実践に結びつけて理解する。
4．実習における自己の課題を理解する。

〈内容〉
1．児童福祉施設等（保育所以外）の役割と機能
2．施設における支援の実際
　　(1) 受容し、共感する態度
　　(2) 個人差や生活環境に伴う子ども（利用者）のニーズの把握と子ども理解
　　(3) 個別支援計画の作成と実践
　　(4) 子ども（利用者）の家族への支援と対応
　　(5) 各施設における多様な専門職との連携・協働
　　(6) 地域社会との連携・協働
3．保育士の多様な業務と職業倫理
4．保育士としての自己課題の明確化

ないと、実現不可能な課題を設定することにもなってしまいます。

　課題を明確に設定することによって、まず実習生が自分の到達目標をもって有意義な実習をおこなうことができます。さらに、職員の方々から助言を受けるときも、自身の実習課題を意識しておくとよいでしょう。

　自分の課題を設定できず漫然と実習に臨めば、当然態度に表れます。「あの実習生は単位のためだけに来ているみたい」「"私はここで働くわけじゃないし"って考えているのが出てるね」などと思わせてしまいます。実習目標や課題は、保育者になるという大切な自己実現へのステップですね。

　右のイラストは、実習課題設定のプロセスを示しています。参考にしてみてください。

❷実習計画の設定のポイント

　続いて、実習課題を達成するためにはどのようにしたらよいか考えてみましょう。達成する方法を検討し、計画化したものが実習計画です。1日目、2日目と、「今日は何をしたらよいのか」「何をすべきなのか」などと日ごとに異なる「今日」の積み重ねができて、実習課題（目標）の達成という姿になるのです。

　たとえば、p.46に示すように、「職員の方々がどのようにして子どもたちと関わりをもち、生活の援助・支援・指導への対応をしているのか学習する」としたら、この課題を達成するために、具体的にはどのような計画を立てるのか、例をあげてみましょう。

1日目…子どもたちの名前を覚え、基本的な生活リズムを把握する。
2日目…職員の方々の役割と動きを観察する。

　このように、「実習課題達成のための実習計画」を意識してください。両者には、一貫性と連続性がなければなりません。過剰な課題を設定すると、計画を立てる時点で無理が生じてきます。自己を見つめ、実習先を見つめて、柔軟性をもって対応しましょう。

実習課題設定のポイント

まず「自分の実習課題」ということを
しっかり意識しよう

私の実習課題を
考えよう

| 望ましくない例 | 望ましい例 |

✕ むやみに課題を増やす
（施設の特性と自分自身の意識
に照らし合わせて検討しよう）

◯ 自分が実習に行く施設につい
ての理解を深めよう

課題は、これと、これと...
まだまだある
せっかくの目標なんだから
思いつくもの全部書こう

施設の方針を
まず見ておこう
ホームページに
出てるかな?

✕ 他人の実習課題をまねる
（自分の課題であるという自覚
をもとう）

◯ 実習施設の援助方針をふまえ
て、保育者としての到達目標
を設定しよう

ぼくは
「〇〇〇」に
したんだ

えっ...じゃあ
私もそうしよう
かな...

「安心できる生活環境の整備」
...小学生や中学生が多い施設の
「安心」て何だろう?
けっこう大きい子たちに対して
保育者ができることがあるのかな

実習課題・実習計画例

学籍番号	○○○○○○		実習生氏名	○○○ ○○○
施設種別	児童養護施設			
施設名	子どもの家　ハニーホーム			
実習種別	(実習Ⅰ（施設実習)）　・　　実習Ⅲ　　　　（いずれかに○）			
実習期間	○○年○月○日　～　○○年○月○日			

実習課題（何を学ぶか）

- 実習を受け入れていただいたことに感謝しながら、実習生の心がまえとして、どのようなときでも誠実に取り組むことを忘れずに精進する。
- 実習に実際に参加させていただくことにより、児童養護施設とはどのような施設なのか心身で理解し、保育者として何が出来るのか基本的理念や考えを学びたい。
- 職員の方々がどのようにして子どもたちと関わりをもち、生活の援助・支援・指導への対応をしているのか学習する。また、今後自分が保育者になるために必要な、子どもを理解する力を身につけたい。

実習計画（課題を達成するために、どのように実施するか）

実習前半
- 一日の生活の流れを理解して、子どもたちと行動を共にすることにより生活状況を把握していく。
- 子どもたち・職員の方々・地域の方々に対して明るい態度と姿勢を保ち、挨拶を欠かさず行う。
- 自ら進んで子どもたちに言葉かけをして、積極的に子どもたちの遊びに参加していく。
- 子どもたちの名前を覚えられるよう積極的に呼びかけ、同時に自分の名前も覚えてもらえるようにする。
- 職員の方々の子どもへの援助技術を実際に目の前で見せていただき、実習日誌を有効に活用しながら正しい理解につなげるように努めていく。

実習後半
- 何事についても自己判断は避け、職員の方々に確認をしながら活動に取り組む。
- 子どもたちと一緒に過ごす時間を大切にしながら勉学に励む。
- 児童養護施設の日常生活において子どもたちとの人間関係がつくれるよう、まっすぐな気持ちで向き合う。
- 援助技術の習得・向上につなげられるように、自分から積極的・意欲的・情熱的に取り組む。
- 今までの学習内容と実習日誌をもとにして、理論と実践をつなげながら振り返りを行う。

7 実習日誌の重要性と書き方の留意点

1 実習日誌を記録する目的

　実習日誌（実習記録）は、実習生がこの施設実習で何をどのように学習したのかを記録するものです。**実習日誌は実習生の義務ですが、実習生を大いに助けてくれるものでもあります。**

　実習日誌の目的を大きくとらえると、以下のようになります。

①自分の保育の、客観的な把握

　文字にすることで体験の整理ができ、自分の施設実習を具体的に振り返ることができます。どんな実習体験をしたのか、記憶ではなく記録で出来事や思いを確認できますね。終了後に日誌を読み返すと、自分自身の内面的な成長も感じられるでしょう。

②自己の課題の発見

　施設実習の振り返りから自己の課題がみつかります。たとえば保育者になるためにスキルアップしなければならないこと▶21が明らかになり、保育の専門性にさらに磨きがかかります。また、実習生にとって何が得意で何が苦手かを、現場で活躍する保育者によって示唆してもらうことからも、課題が発見できます。得意なことをさらに伸ばし、苦手なことを克服して、自信につなげていく自分の姿を想像してみてください。

▶21
絵本の読み聞かせやピアノなどの保育技術や、言葉かけのタイミングやそのときの表情など、自分の強みがどこにあり、改善点がどこにあるのか、記録から考えてみましょう。

2 日誌に記録する内容

　子どもと一日を過ごす経験を重ねて、実習は日に日に充実していくでしょう。しかし、「実習日誌は苦手」「実習日誌は面倒でイヤ!」「何を書いたらいいのかわからない」「実習日誌による評価が気になる…」といった声は多数あがります。そこで、実習日誌に何を記録するのかを具体的に確認してみましょう。

- ●一日の活動や流れ
- ●子どもとのかかわりや共有した活動
- ●子どもに対する支援・援助（はたらきかけ）のなかで表れた反応
- ●起こった出来事に対する保育者の反応（かかわり方）
- ●その日の活動における具体的な取り組みや、その取り組みを通して学んだこと・気づいたこと
- ●その日の実習目標（今日の課題）に照らし合わせた自分自身の振り返りなど
- ●上記の振り返りにもとづいた課題設定と取り組み

　いずれの項目も、具体的に記述することがポイントです。体験したことをふまえて、何を思い何を感じたのか、何に気づいたのか、自分の学びを書きましょう。日誌は「日記」ではないということを意識しておきましょう。

3 実習日誌の留意点

　実習日誌は、皆さんを保育者として成長させるものであると同時に、指導を受けるためのツールでもあります。**"指導者に読んでいただくもの"であることを十分意識して、文章はわかりやすく、簡潔に書くことが必要です**。書き間違いや誤字に注意しながら、黒ペンでていねいに記入します▶22。書き間違えてしまった場合は訂正箇所に二重線を引いて、訂正印を押してから書き直しましょう。

▶22
摩擦で消すことができるペンが普及していますが、このペンで書いた文字は高温になると無色になってしまいます。使用しないように気をつけましょう。

❶実習日誌の種類

①実習日誌の表紙

　日誌の表紙には、施設名・実習生名・養成校名・実習期間をていねいに記入しましょう。

②施設概要（p.51参照）

　事前のオリエンテーション時に見聞きし、理解した実習施設の情報や、実習内容に関して決定した事柄などについて整理しましょう。

③一日の流れの日誌（p.52参照）

●実習のねらい

　実習で、中心的に学びたいと考える観点を記入します。ねらいを決めないまま実習に入ることのないようにしましょう。

●時間

　施設における子どもの一日が、どのような時間配分で展開しているのかについて整理しましょう。活動の切り替え時など、ポイントとなる時刻を記入します。

●施設利用者の活動と状況

　時間に沿って、子どもの一日の生活の流れを簡潔に整理して書きましょう。箇条書きにすると読みやすいですね▶23。また、子どもや保育者名はイニシャルなどで示しましょう。

●施設利用者と職員・実習生のかかわり

　「時間」と「施設利用者の活動と状況」とに連動させて、職員の言動と実習生自身の動きを整理して記入しましょう。

④一日のまとめの日誌（反省・感想など）（p. 54参照）

●ハイライト記録・エピソード記録方法

　この記録欄を活用して、ハイライト記録・エピソード記録をすることも有効な振り返りですね。その日の子どもとのかかわりなどをわかりやすく整理して、実習生自身の考察を入れます。実習生自身の気づきや考察を入れることがポイントです。

●反省

　指導者にアドバイスや助言を受けた状況や内容などを整理します。

▶23
職員と実習生の言動が混在するようなときは、「職」（職員）、「実」（実習生）などと冒頭に書き込み区別すると読み手が理解しやすいですね。

なぜアドバイスされたのか、その内容を前向きに受けとめ、自己課題としましょう。前向きな思考が人を成長させます。

●感想

その日に体験したこと、気づいたこと、学習したこと、楽しかったこと、困惑したこと、心に残った印象的なことなどを素直に記入しましょう。

⑤実習のまとめ（p. 56参照）

●実習の最終日を終了した時点で、今回の施設実習を振り返り、実習の反省、今後の自己課題についてまとめて記入しましょう。

❷実習日誌の提出

実習日誌の提出は、実習期間中の場合と実習終了後の場合とがあります。事前のオリエンテーションで確認をしておき、提出時間・提出場所を厳守しましょう。実習日誌を提出する相手も確認しておくことです。

「提出期間を少し過ぎてしまうけど、もう少し内容を整理したい」と思う実習生もいることでしょう。しかし、読み手（施設の実習担当職員）の都合を考えてみてください。**提出期限を軽視せず、実習日誌に関する事柄のなかで最重要だととらえておきましょう。**▶24

▶24
筆者が勤める養成校がおこなったアンケートによると、施設側が最も重視することは「提出物の期限を守れるかどうか」でした。

050

「施設概要」の参考例

実習期間	○○年○月○日 ～ ○○年○月○日 まで（○日間）
施設種別	児童養護施設
施設名	子どもの家　　ハニーホーム
所在地および連絡先	〒000-0000 ○○県○○市○○町1-2-3 TEL：(0000) 00-0000　　FAX：(0000) 00-0000
設置主体名および代表者（施設長名）	社会福祉法人○○○○学園 施設長　　○○○　　○○○
施設の援助方針	1．子どもの権利擁護に対する十分な配慮の下で処遇に取り組む。 2．子どもが安心出来る生活環境の整備に努める。 3．子どもに身体的・精神的苦痛を与える体罰行為・その他懲戒権の乱用はいかなる理由があろうと行わない。 4．すべての職員は常に専門的資質向上に努めなければならない。
職員構成	施設長・事務長・保育士・児童指導員・心理士・個別対応職員・家庭支援専門相談員・里親支援専門相談員・事務員・栄養士・調理員・看護師・医師（嘱託）・パート職員若干名
施設利用者の構成	女児寮：ひまわり寮（2室構成）・すみれ寮（3室構成）・タンポポ寮（3室構成） 男児寮：白樺寮（3室構成）・ポプラ寮（2室構成）・あすなろ寮（2室構成）
地域・環境	●地域とのつながりを重視して、各種行事への協力や参加などで交流している。（例：小中学校のPTA活動への参加、小学校のサッカークラブやドッジボールクラブとの交流、ふれあい祭り、地域大運動会、河川敷清掃の参加など） ●定期的な連絡会の開催や施設見学会などを実施して、教育関係機関に理解を深めてもらう。
その他（施設の特徴など）	●余暇時間を活用して、華道クラブ・ソフトボールクラブ・サッカークラブ・陶芸クラブなど、部員や職員の指導で活動を行っている。 ●施設の補助金活用（共同募金など）として、ピアノ・スイミング・学習塾（中学生のみ）などのレッスン・指導を受けられるようにしている。

望ましい**実習日誌例（一日の流れ・児童養護施設）**

〇〇 年 〇 月 〇 日 〇 曜日	天候 〇〇	（第2日目）
実習のねらい：子どもたちの名前を覚え、積極的に話しかける		

時間	施設利用者の 活動と状況	職員の動き・援助	実習生のかかわりと 気づき・考察
6:30	・起床　着替え 　登校、登園の準 　備	・全室をまわって、子ども 　に声をかけて起こしてい 　く	・指導員の先生に教わりな 　がら子どもたちを起こし 　て、一人ひとりに「おは 　よう」と挨拶する
7:00	・朝食 　朝食を調理室に 　受け取りに行く 　朝食をとる	・子どもに声をかけなが 　ら、朝食を子どもと一緒 　に受け取りにいく ・朝食準備、盛りつけ ・食器洗い、片づけ	・部屋やトイレでおもらし 　をした子どもへの対応、 　片づけ ・朝食の準備、片づけ
7:55 8:40	・登校 ・登園（幼稚園バ 　ス） 　園庭で運動遊び 　をする	・登園、登校する子どもた 　ちに、忘れものがないか 　どうか確認の呼びかけ	・登校準備、名札など確認 ・自己紹介、挨拶
9:10 10:00 15:30	・帰園、下校 　おやつを食べ 　て、一人ずつ自 　由行動 ・外遊びなど	・朝礼 ・休憩 ・帰ってきた子どもたちの 　おやつの準備 ・乾いた洗濯物をたたむ 　（幼稚園児・小学生のもの） ・施設の外に出ていく子ど 　もに、何時に戻るのか確 　認 ・ゲームなど、時間を守っ 　ておこなうように呼びか 　ける	・一人分ずつおやつをお皿 　に分けて、各部屋のテー 　ブルに置いていく ・洗濯物を個人ごとに分け 　る ・外遊びに参加、鬼ごっこ 　やリレーをして遊ぶ ・時間をみて、室内に入る 　ように呼びかける
17:00	・入浴	・入浴するように呼びかけ 　る	・お風呂に一緒に入り、全 　身をきちんと洗えるよう 　に見守りながら援助する
18:00	・夕食 　職員と一緒に食 　事の準備 　夕食をとる	・食事の準備、盛りつけ ・子どもたちと夕食をとる	・一緒に夕食をとり、学校 　や幼稚園での様子や今日 　の出来事を聞く
19:00	・自由時間 　宿題、ゲームな 　ど	・宿題をみる ・子どもたちの翌日の持ち 　物の準備、確認	・食器の片づけ ・子どもたちの会話に加わ 　り、おしゃべりを楽しむ
20:00	・就寝 　（幼稚園児・小学 　校低学年）		・退勤

すばらしい ☺
「おやつを分ける」
「外遊び」といった記述だけでなく、このように少し言葉を添えるだけで、振り返りに役立つ記録になりますね

すばらしい ☺
職員の言動が具体的かつ簡潔に記録できています

望ましくない実習日誌例（一日の流れ・児童養護施設）

○○ 年 ○ 月 ○ 日 ○　曜日　　　天候　○○　　　　　　（第2日目）

実習のねらい：一日の流れを理解する

時間	施設利用者の活動と状況	職員の動き・援助	実習生のかかわりと気づき・考察
6:00	・子どもたちは5:30に起床していた	・各部屋をまわって、用意ができているかチェックしている	・自分から起きれる子、起きられない子などいろいろなので、早めに性格を理解したい
7:00	・学校に出発	・子どもを送り出してから掃除する	・たくさんある部屋、トイレ、お風呂を掃除して、ベッドや机の下までやった
9:00		・服の仕分け ・昼食の準備	
12:00	・昼ご飯		・子どもが自分で食べるように援助する
13:00	・お昼寝	・歯ブラシの用意 ・おむつを替える	
14:30	・おやつ	・おやつの準備	・お菓子を用意する
16:00	・帰宅	・帰宅児を迎える	
17:30	・掃除	・見守る	・時間を見ながら、子どもたちの様子を見守る
18:00	・夜ご飯		
19:00	・お風呂		
20:00	・就寝		

がんばろう😖
基本的な文章表現を普段から意識しておきましょう

がんばろう😖
どのような状況だったのか記しておきましょう

がんばろう😖
職員の言動を具体的に記述しましょう
職員のどのような言動を見て、「見守っている」と解釈したのでしょうか

☝ 改善のポイント

実習記録は簡潔に書くことが重要ですが、活動の状況を書き留めておくと、実習を振り返るときに役立ちます。
「お菓子を用意する」という記述を、前のページのおやつの準備と比べてみてください。

望ましい実習日誌例（一日のまとめ・児童養護施設）

一日のまとめ（反省・感想など）	実習生氏名	○○○　○○○

　朝の流れに初めて参加させていただきました。M先生と一緒に、子どもたちに「おはよう」と声をかけていきました。嫌がるかなと不安はありましたが、子どもたちはすぐに目を覚まして「おはよう」と返してくれました。Iくんが不安そうな顔をしていたので、「どうしたの?」と声をかけるとすぐに下を指さし、おしっこがもれているのが見えました。片づけるとスッキリとしたようで、すぐに着替えを始めていました。恥ずかしくて、すぐには言い出せなかったのかもしれません。私がもっと早く気づくことも出来たと思います。今度こういったことがあれば、すぐに対応していきたいです。

> **すばらしい** 😊
> Iくんの気持ちを考えたり、自分のかかわり方を検証する機会として日誌を活用できていますね

　午後は、お風呂の様子をM先生と一緒に見せていただきました。頭や体を洗う様子を見たり、洗えていないところを助言していくうちに、一人ひとりの洗い方が驚くほど違っていることに気がつきました。M先生に「先生、もうお風呂出て良いですか」と聞いている子は、早く出て友だちと遊びたいようでした。

　夕食の準備になると、率先して手伝う子と、少し離れたところから見ている子に分かれていました。私はYくんの隣で食事をとりました。「最近Yくんは、自分より年下の子にちょっかいを出したり否定的なことを言って、自分に注目を集めようとしたり、そっけないような素振りを見せることが多い。一方で、甘えて注意を引こうとする言動もある」とM先生から聞いていたので、Yくんとかかわるときは自然な会話を心がけました。Yくんは何度も私の名前を呼んでくれて、楽しく食事をとることができました。

> **すばらしい** 😊
> M先生から聞いた内容を理解したうえで、Yくんとのやりとりにつなげていることが伝わる記述です

　明日も、一人ひとりの子どもへのかかわりについて学んでいきたいです。子どもたちにはそれぞれの背景があり、今、養護施設での生活を通して学んでいるものがたくさんあるのだろうと思います。実習生としての立場を意識して、実習3日目を迎えたいです。

担当指導者の助言・感想
（各施設の実習担当の先生よりコメント）

担当指導者　　　　　㊞

望ましくない**実習日誌例**（一日のまとめ・児童養護施設）

一日のまとめ（反省・感想など）	実習生氏名	○○○　○○○

　今日から実習です。よろしくお願いします。

　今日は大変長い、朝から夜までの実習でした。朝はとても忙しく、バタバタしていました。明日はスムーズに進められるように頑張りたいです。

　子どもたちの試し行動なのか、私のことを「おばちゃん」と呼んできます。何度も言うのでムッとしてしまい、大きな声で「おばちゃんて呼ばないで」と言ってしまいました。

　子どもたちと夕食の支度を一緒にしましたが、毎日やっているはずなのに、あまり早くできていないように感じます。早くやってもらうためにはどのような声かけをすれば良かったのだろうと思いました。

　今日は上手にやりとりができませんでしたが、学んだことを明日に生かせるようにしたいです。養護施設がどんなところなのか、しっかり見たいと思います。

> **がんばろう**
> 今朝はなぜ忙しいと感じたのか、明日は何をスムーズに進めたいのか、どのようなことを頑張りたいのか具体的に書きましょう

> **がんばろう**
> 職員がなぜ子どもたちをせかさないのか、その理由についても考えてみましょう

> **がんばろう**
> 「上手に」「スムーズに」かかわることばかりでなく、子どもたち一人ひとりに向き合う気持ちをもちましょう

> ☝ **改善のポイント**
> 望ましくないポイントをいくつかあげました。実習には、目の前の子どもたちや出来事をていねいに見ようとする視点が必要です。また、記述の量が少ないことも改善すべき点ですね。

担当指導者の助言・感想
（各施設の実習担当の先生よりコメント）

　　　　　　　　　　　　　　　　担当指導者　　　　　　㊞

第2章　施設実習の事前学習

望ましい**実習日誌例**（実習のまとめ・児童養護施設）

実習のまとめ	実習生氏名	○○○・○○○

すばらしい ☺
子どもたちに対する感謝の気持ちも、言葉にすることで再確認できますね

もうすこし ☺
名前を読んでくれるまでの実習生自身のはたらきかけや、職員からの援助について再度振り返るとよいでしょう

すばらしい ☺
子どもと積極的にかかわることができて初めて、このような課題が見えてきます

　実習をさせていただくにあたって、いろいろと悩んだり、緊張することも多くありましたが、実習を始めてみるとあっという間に時間が過ぎたように感じています。

　不安が消えないままの初日、IくんやRちゃんが親しく声をかけてくれました。そのおかげで緊張がとけて、他の子どもたちにも自分から話しかけることができたのだと思います。一人で思い悩むことがなく、実習期間が充実したものになりました。

　実習前半の目標として、「子どもたち皆とかかわり、子どもたちの名前を覚えると同時に、私の名前も覚えてもらいたい」とあげていましたが、気がつくと子どもたち皆が私の名前を呼んでくれていたことが強く印象に残っています。

　職員の方々は、子どもたちに対して、常に一人ひとりを正しく理解（子どもたちの状況など）した上で声をかけたり、はたらきかけたりしていたと感じます。子どもたちがしかられるようなことをしたときも、真正面から向き合っている様子がとても印象的でした。実習後半の目標の一つに、子どもたちと人間関係を築くことをあげていましたが、職員の方々の姿から子どもへの向き合い方を学ばせていただきました。私がどのようにすれば子どもたちとの距離を縮めて、一人ひとりの理解につなげられるのかが、少しずつですが理解できたように思います。

　職員の方々の言葉は、どんな何気ないものでも、いい加減なものや、「まあいいか」といったようなものはありませんでした。「今、このような言葉かけをしたら、この子にはどんな影響があるだろうか」と、日々考えながら子どもたちと共に過ごすことの大切さは、どれだけ勉強してもそれだけでは実感できなかった部分だと思います。

　職員の皆さんの見よう見まねでしたが、私なりに考え、行動する機会もいただきました。実習前半は戸惑っていることも多く、子どもたちとのやりとりでも私の緊張が伝わってしまったと思いますが、だんだん子どもたちも私を受け入れてくれたようで、こちらの援助に対して応じてくれるようになりました。実習最終日に近づくにつれて、「○○さん、宿題手伝ってよ」「○○さん、一緒に遊ぼう」と子どもたちの方からも気持ちを伝えてくれるようになったのですが、この変化はとても嬉しいことでした。

　私は、子どもたちといろいろな話をすること、まっすぐに向き合うことの重要性を、実習前は頭では理解していても実感はできていませんでした。今後の課題としては、適切な援助のために、子ども理解の基本についてより学びたいと思います。子どもの理解といっても一人ひとりの背景も違うし、それぞれが抱えている問題も異なるため、それぞれの子を理解しながら適切な支援や援助をすることがどれだけ難しいことか、実習で初めて実感することができました。子どもにかかわることは、中途半端な気持ちでは全くできない、とても大切な仕事だと改めて感じました。

職員の方々にはたくさんのことを教えていただき、感謝と尊敬の気持ちでいっぱいです。忙しい中、温かいご指導をいただき本当にありがとうございました。

担当指導者の助言・感想
（各施設の実習担当の先生よりコメント）

担当指導者　　　　　　　印

> **すばらしい** 😊
> 感謝の気持ちは胸にしまっておくのではなく、態度と言葉で表しましょう

望ましくない実習日誌例（実習のまとめ・児童養護施設）

実習のまとめ	実習生氏名	○○○　　○○○

　実習期間の最初に、職員から「強制するのはよくない」と言われたので、子どもたちに積極的にかかわるのではなく観察を主に心がけました。強制でなくても、声かけに対して無視されることが多かったので、残念でした。私が何を言っても、こちらを拒絶するような言動が返ってくるので、やっぱり普段から関わっている職員さんでないとダメなんだなと思いました。
　そのような中でも、Rちゃんは「あの歌、また歌って」と言って私のところに何回か来てくれたのでよかったです。Rちゃんと遊んでいる時間は、とても充実していたと思います。他の子たちとも、Rちゃんとのように仲良くしたかったです。
　実習期間中、いろいろとありがとうございました。今回の実習の学びを生かして、これからも頑張っていきたいと思います。

> **がんばろう** 😣
> 「強制しない」とは、「消極的に」という意味でしょうか？待つだけでは関係は築けません

> **がんばろう** 😣
> 「自分ではダメなんだな」と結論を出す前に、職員の先生方に相談してみましたか？

> **がんばろう** 😣
> 個と集団（一人ひとりの子ども、子どもたち全体）への意識を見直しましょう

 改善のポイント
実習全体の振り返りは、今後の学びにつなげていくためにも重要です。この実習で何を得たのか、自分の実習課題と照らし合わせてみてどうだったのか、今後どのように学びを深めていきたいのか。漫然と思い出したことを書くのではなく、意識的な振り返りをおこないましょう。

担当指導者の助言・感想
（各施設の実習担当の先生よりコメント）

担当指導者　　　　　　　印

8 基本的な生活習慣

　施設実習に行くための準備について、大切な点をたくさん述べてきましたが、実習生自身が心身ともに健康でなければ、その他の準備も役に立ちません。学生生活の一日と施設実習中の一日とでは、生活の流れが全く異なります。まず、今のあなたの生活サイクルを確認してみましょう。以下の項目で自己点検をしてみてください。

❶今の生活習慣は大丈夫ですか

　一日の生活の流れがきちんとできていれば大丈夫です。たとえば「十分に睡眠をとり、気持ちよく起床。朝食をしっかり食べてから学校に行く。さわやかな気分で一日を過ごして帰宅。テレビやスマートフォンの画面を見るのはほどほどにして、就寝」といった流れです。こんな毎日を過ごしているあなたなら、大きな心配はいりません。

　しかし、「いつも睡眠不足」「朝は気分が優れないし、朝食抜き」「昼間はいつも気だるい」「何でも面倒、意欲的・行動的になれない。実習に行くのも気が進まない」…もしも、こんな心身の状態なら、実習に行く準備はできていませんね。集中力や注意力が散漫になり、事故やケガの原因にもなります。<u>**実習期間だけは気を引き締めているから、大丈夫**</u>と思っているなら大間違いです。実は日常生活そのもの、そのままが実習に反映されます。

❷心身ともに健康であることの意味について

　「実習がうまくいくか心配」「評価はどうなるだろう」「実習のことを思うと何だか頭痛がする」「実習について考えるとお腹が痛くなる気がする」といった気持ちになることはありませんか。心と体は一体です。精神的（気持ち）にも、身体的（健康な体）にも、十分に整えておかなければいけませんね。そのためには、不安な要素は取り除くことが大切です。**何が心配なのか、原因を探しだして早めの対処をし**

ましょう。たとえば、「風邪をひきやすいので、実習直前や実習中に
ひかないか心配」なら、普段の予防をさらに徹底しましょう。ひいて
いたら、治すことに専念しましょう。日頃から規則正しい生活習慣を
心がけることにつきますね。

❸元気な挨拶・きれいな言葉づかい

実習中、子どもたちや職員の方々に名前を呼ばれたときに、「は
い」と明るくはっきりと言える自分が想像できますか。自ら率先して
「おはようございます」「わかりました」「ありがとうございます」と
言葉にすることが大切ですね。また、挨拶だけではなく職員から学ぶ
言葉も多いでしょう。**実習中だからこそ学べるプロの言葉を、積極的
に習得してほしいものです。**

❹生き生きとした表情・行動

第一印象は重要です。さわやかな表情、すてきな笑顔、テキパキし
た行動ができる人は、気持ちのよい実習生として職員の目に映りま
す。一生懸命に子どもとかかわっていたり、実習担当職員からの助言を真
剣に受けとめていれば、自然とそうなるでしょう。**「表情をつくる」
ことを意識するのではなく、明るい表情になるような言動を心がけま
しょう。**

日常生活でのあなたの立ち居振る舞いが、実習中にも表れます。自
己を確認するよい機会にもなりますね。職員や子どもたちの目に、自
分はどのように映っているのか想像してみましょう。

❺秩序や決まりを守る自分がいますか

実習生は、施設の組織の一員として実習をおこないます。「ちょっ
と遅刻しても大丈夫」「叱られたら、あとで謝ればいいや」「何か問題
が起きたら、養成校で実習の先生が対応してくれるだろう」などと安
易に考えている人はいませんか。これは、大きな間違いですね。

繰り返しますが、実習生は実習先の組織の一員です。決まりを守っ
て行動しましょう。実習先の施設で職員や子どもたちが生活のなかで
守っているルールは、実習生も例外なく守ります。

また、実習体験とは社会の一員になる準備でもありますね。実習は
保育者になるために学ぶ機会であると同時に、「社会の構成員として

どうあるべきか」.を学ぶ最高の場でもあります。身を引き締めて臨み
ましょう。また、今までさまざまな場面で「どうにかなるだろう」
「問題があればきっと誰かが…」なんて思っていたあなたは、主体的
な自己を形成するチャンスですね。

保育士と
ソーシャルワーク

この章では、児童福祉施設の利用者（子どもと家庭）の権利保障とはどういうことなのか、また、児童福祉施設において求められているソーシャルワークとは何か、を紹介します。みなさんが施設実習に臨むにあたって必要となる学びです。考え方の基本を理解していきましょう。

1 子どもと家庭の権利保障

1 子どもと家庭の権利保障と、児童福祉施設の役割の概要

　児童福祉施設（以下、施設と略）を利用する子どもたちや保護者は、何らかの権利侵害や生命の危機などにさらされているために、保護を要する状況にあります。そのような場合に、公の責任において施設などで保護する行政措置がおこなわれ、保護から自立を目指した援助がなされます。まずは「生命を守る」という、緊急かつ最も基本的な権利保障をするということになります。

　では、施設に入れば万事解決かということですが、そうではありません。施設入所後の子どもと家庭への援助が、さまざまな権利保障に関係しています。

　まず、子どもと家庭の権利保障に直接的に関係するのは、人的なサービスです。詳しくは、第2節の「保育士の仕事とソーシャルワーク」で学んでいきます。

　そして、利用者の権利保障に間接的に関係するのは、環境的な要素です。施設と、連携している教育機関などがつくる枠組みによって、利用者の権利保障に配慮した環境がつくられます。このような枠組みが、施設が提供するサービスを支える背景になっています。実習の際にも認識して理解を深めましょう。

　枠組みの基本となるのは、「**児童福祉施設の設備及び運営に関する基準**」などの法令のほか、学校や児童相談所など外部機関との連携、施設の運営方針、事業計画、**苦情解決制度**、**福祉サービス第三者評価**（後述）などがあります。

　皆さんが行く各施設のホームページや、施設内の掲示板を確認して

みてください。苦情受付窓口についての案内や、福祉サービス第三者評価を受けた報告などが掲載されていますので読んでおきましょう。

　以上のような仕組みのなかで、子どもと家庭の権利保障を前提にしたサービスが提供されています。実習は、このような環境でおこなわれることを理解しておきましょう。実習生の皆さんにも、子どもと家庭の権利保障、たとえば個人情報の保護や個人の尊重などの対応が求められているのです。

② 生活のなかでの具体的な権利保障

　では、子どもと家庭の権利保障とはどのようなものなのでしょうか。子どもと家庭の権利という場合の「権利」の性質とは、『広辞苑』によれば「一定の利益を主張し、また、これを享受する手段として、法律が一定の者に賦与する力」です。わが国の法律に規定された権利は、国民として他人の権利を害さない限り、また公共の福祉に反しない限り、その権利について能動的あるいは受動的に行使（権利・力を実際に使うこと）できるし、逆に他人の権利を侵害したら許されないということです。ただし、権利を行使する際には、国民としての義務も含めて「自分で努力してつかむ」という意味が含まれています。

　そのうえで、施設における生活のなかでの子どもと家庭の権利とは、具体的にどのようなものなのでしょうか。皆さんが実習中にどのように考えたらよいのか、下図を参照しながら学んでいきましょう。

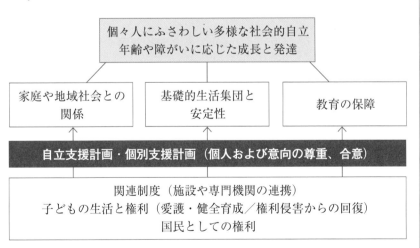

児童福祉施設と地域における子どもと家庭の権利保障

❶国民としての権利に留意する

　まずは、大前提として**国民としての権利**があります。憲法および国民の権利に関する法律などを根拠とする、人権の保障です。貧困、虐待、家庭内暴力、いじめ、不登校、差別など、権利侵害から子どもや家庭を守り、愛護し、健全な育成に努めることが求められています。そうした考えのもとに、前述の「児童福祉施設の設備及び運営に関する基準」では、「入所している者の人権に十分配慮するとともに、一人一人の人格を尊重して、その運営を行わなければならない」といった一般原則が定められています。実習の際には、設備の向上を含めて、人権に配慮された環境づくりの取り組みにも着目しましょう。利用者が安心して生活でき、将来の自立に向かうための環境が必要です。

❷子どもとしての権利・利用者としての権利に留意する

　次に、**子どもとしての権利**です。国民の権利に加えて、国際条約などを含む、子どもとして配慮されるべき権利があるということです。また、施設を利用している場合は、その施設の利用者としての権利があります。それらの根拠法は、児童福祉法や教育基本法などの関係各法、それに行政からの通知などです。幼い子どもだから、生徒だからと、その存在を軽視されるようなことがなく、施設の生活や学校での活動を含めて、個人として尊重され、社会的な関係を築いていける環境が必要です。

　実習中は、たとえば、子どもの呼び名、日課、学習、行事、社会参加などにおいて、子どもの意向や主体的な参加が尊重されているか注目してみましょう。特に、現在は、**自立支援計画**や**個別支援計画**▶1の策定が義務づけられています。自立支援計画とは、入所から退所まで、一貫した視点のもとで子どもの自立に向けた援助をおこなうための計画です。平成9年の児童福祉法改正後、従来の「個別処遇計画」を改め、自立支援計画を作成し、子どもと家庭の自立支援の向上を図るよう厚生省（現厚生労働省）から通知が出されました。平成17年4月から、利用者の意向・適性・障がいその他の事情をふまえた計画として、策定が義務づけられています。関係書籍で、様式を確認しておきましょう。

　このような計画が、子どもたちの生活の背景にあるということも知

▶1
個別支援計画は、障害者総合支援法にもとづいて、指定事業者に策定が義務づけられています。乳幼児期から学校卒業後までの長期的な視点に立って、医療、保健、福祉、教育、労働などの関係機関が連携して、子ども一人ひとりのニーズに対応した支援を効果的に実施するための計画です。

っておきたいものです。

　なお、障害児入所施設の場合は、国民としての基本的な権利に加えて、**ノーマライゼーション**▶2 や**リハビリテーション**▶3、共生など、社会福祉の理念もふまえた権利の実現が配慮されていることにも意識を向けてみましょう。いっそう深い学びが期待できます。

3 サービスの透明性、質の向上の課題

　現在、権利保障への意識が高まる一方で、施設内虐待の例や、客観性を欠いた指導による弊害、あるいは子どもたちの自立が必ずしも十分ではないなど、依然として問題も指摘されています。このような状況から、**福祉サービス第三者評価**や**苦情解決制度**が実施されていることも近年の大きな変化です。

　福祉サービス第三者評価は、都道府県レベルで一定の基準をクリアした評価機関が、公表された基準に沿って施設サービスや利用者満足度を評価するものです。その評価を通じて、提供するサービスを客観的に見直す機会になっています。また、苦情解決制度とは、各施設の苦情受付窓口に寄せられた意見や、第三者委員が利用者に対して直接おこなう聴き取りなどをもとに、利用者の権利を保護する仕組みです。問題解決に至らない場合には、都道府県レベルの適正化委員会に申し立てをして解決を図ります。

　これらのシステムは、施設を批判することが目的ではありません。**大切なのは、施設が第三者評価や苦情解決制度などを利用することで、サービスの質の向上に努めているかどうかということです。**

　今や、外に向けて開かれた、透明性の高いサービス提供が求められています。それはつまり、子どもや家庭の権利が、社会が認めるレベルで保障され、児童家庭福祉を含む社会福祉の実践的価値になっているということです。このことを肝に銘じたうえで、実習の際にも心を開いて、利用者と職員の間の関係性、相互的なかかわりを学ぶようにしましょう。

▶2
障がいのある人に、できるだけ標準的な生活を提供するという考えです。1953年に、デンマークにて知的障がい者の親の会とN. E. バンク゠ミケルセンが共同で政府に要望書を出しました。この文書がノーマライゼーションの発祥といわれています。1971年に国連で採択された「知的障害者の権利宣言」にも影響を与えており、今は広く社会福祉の理念になっています。

▶3
身体機能の回復を促し、一人ひとりの人生に合った生活能力を獲得し、豊かな人生を送ることができるようにすること。主な種類として、粗大運動（大きな動き）を高める理学療法、微細運動（細やかな動き）を高める作業療法、言語の機能を促す言語療法があります。

2 保育士の仕事とソーシャルワーク

❶ 保育現場とソーシャルワーク

　皆さんは、「保育士は子どもの世話をする仕事」というイメージをもっていませんか。近年では、子どもと家庭の権利保障にともない、相談援助活動など、ソーシャルワークの理論とノウハウが保育士に求められるようになっています。

　では、保育士の仕事にソーシャルワークがどのように関係してくるのでしょうか。ここでは、ソーシャルワークとは何か、保育士の仕事と保育現場におけるソーシャルワークの必要性、保育現場で活用したいソーシャルワークなど、実習の前提となる基礎的な知識を学んでいきます。

　改めて、子どもと家庭の権利に関する問題の原因について考えてみましょう。子どもの成長や発達の機会が、貧困や病気、障がい、いじめ、虐待などのために妨げられたときに、その子どもや家庭が社会的養護を必要とします。そのような子どもや家庭は、社会で生きていくことに困難を感じて、パワーレス▶4になっている場合が少なくありません。子どもの成長期・発達期にかかわることが多い保育士として

▶4
p.96の注17を参照。

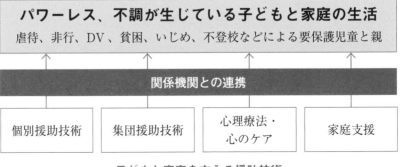

パワーレス、不調が生じている子どもと家庭の生活
虐待、非行、DV、貧困、いじめ、不登校などによる要保護児童と親

関係機関との連携

| 個別援助技術 | 集団援助技術 | 心理療法・心のケア | 家庭支援 |

子どもと家庭を支える援助技術

は、見過ごせない問題です。施設の使命は、そうした子どもや家庭の環境を好転させ、利用者の主体性を引き出し、社会的自立やふさわしい生き方、社会参加を手伝うことでもあります。

　ここでは、実習の際に役立つように、ソーシャルワーク（社会福祉援助技術）の基本原理と原則を学んでいきましょう。施設で有用なソーシャルワークの技法のうち、ソーシャルケースワーク（個別援助技術）、グループワーク（集団援助技術）の理論を紹介します。ソーシャルワークを応用した、より実践的な保育士としてのイメージづくりと、実習のための学習に役立ててください。

2 ソーシャルワークの基本原理と原則

　社会福祉の思想は、人類の歴史のなかで積み上げられてきました。歴史的には自由権と平等権、社会権▶5などとして具現化され、現代では社会福祉実践の価値を支える核となっています。

❶社会福祉の思想と倫理

　社会福祉の中心となる思想が、人間の尊厳と個人の尊重です。すなわち、**一人ひとりの尊厳を認め、個人は尊重されるべきである**という考えです。この前提があって初めて社会福祉が成り立ち、基本原理が構成されています。皆さんが実習する児童福祉施設は、言うまでもなく社会福祉の中核の一つです。実習中は目の前の出来事への対応で精一杯かもしれませんが、援助の基本には、人間の尊厳と個人の尊重があるということを意識していてください。

　それでは、今日の社会福祉の基本原理を支えている思想を確認しておきましょう。

　まずは、ノーマライゼーションの思想に代表される平等主義・機会均等の思想です。誰でも、可能な限り普通の、標準的な生活条件のもとにあるべきという考え方です。

　次に、社会連帯の思想です。施設のサービスは、制度や施策という、社会連帯の考えによって運営されています。「社会的養護」の授業や書籍で、施設の歴史を学んだことを思い出してください。社会救済の考えがありましたね。

▶5
国家の介入・干渉を排除し個人の自由を確保する自由権、人種・信条・性別・社会的身分・出身家庭により差別されない平等権、社会的・経済的な弱者が自由・平等・生存を確保できるように国家が関与するという社会権があります。この三つは、今日、国連においても人権保障を象徴する思想となっています。

▶6
たとえば、児童福祉法第
38条（母子生活支援施
設）、第41条（児童養護
施設）、第44条（児童自
立支援施設）などで、施
設の目的が利用者の自立
支援であるということを
改めて確認してみてくだ
さい。また、障害者基本
法の第1条には、「障害
者の自立及び社会参加」
を促進することが目的で
あると明言されています。

そして、個人の可能性を引き出す民主主義と、人間の自由・解放を
もたらす人道主義（ヒューマニズム）に代表される、民主社会の思想
があります。子どもの自立や障がいのある子どもの社会参加などが法
律で宣言されていますから、確認しておきましょう▶6。

こうした原理・思想の確立や発展は、社会福祉の専門職である社会
福祉士や介護福祉士に関する法律など、一連の法整備につながるもの
でした。また、保育士の全国団体が「**全国保育士会倫理綱領**」（巻末
資料参照）を策定し、自らの仕事に倫理性をもたせ、保育士としての
質の確保を目指していることもしっかりと自覚しておきたいものです。

❷ソーシャルワークを実習に活かすために

では、そのような理念や原理、専門職倫理を確立してきた社会福祉
専門職ですが、どのような技術で、どのような原理、原則があり、実
習の際に、どのようなことに気をつけたらよいのでしょうか。ここで
は、次の三つの原理をとらえておきましょう。

①個別化の原理

施設の利用者の「**個人として扱われたい**」という**基本的欲求**を援助
者が満たすことを意味しています。人間の尊厳や個人の尊重という社
会福祉の理念を具体化する原理です。

②主体性尊重の原理

選択の意思や自立を尊重し、**利用者自身が自己決定すること**を尊重
します。その人自身が自ら考え行動することこそ人間にふさわしく、
また、個人を尊重することになります。利用者が言葉や表情で意思を
表しにくい場合（乳児であったり、障がいがある場合など）は、保育者
や援助者が、その意思を代弁していきます。

③変化を尊重する原理

変化の可能性を尊重することも重要です。これは、利用者がよりよ
い方向に変化する可能性があることを想定し、さらに、利用者の変化
をとらえる力量を援助者に期待しているからこそ成り立つ原理です。
具体的にいえば、児童福祉施設における援助者の営みは、まさに**子ど
もと家庭が変わる可能性があると信じ、そのためにソーシャルワーク**

の心と知識、技術、技能を駆使することなのです。子どもと家庭の福祉においては、これら三つの原理はきわめて重要なものであると認識しておきましょう。

❸専門的な援助関係にもとづいた実習

では、ソーシャルワークは、子どもや家庭とどのようにして専門的な援助関係を結んだらよいのでしょうか。つまり、施設の利用者との基本的な信頼関係を形成するにはどうしたらよいかということです。そのための原理を二つ、理解しておきましょう。

①利用者の話を傾聴し、利用者のありのままを受け入れる姿勢

援助者に求められる基本的な姿勢とは、**まず利用者を受容し、非審判的態度（良い・悪いといった判断をしない）で事実を受けとめること**です。そして、**相手を恐れない気持ちでかかわり、利用者にありのままの自分を見つめてもらい、秘密を保持すること**です。これは、施設の利用者が本来の自分を取り戻し、進むべき方法に気づいていくために、援助者に必要な態度です。まずは、利用者の声に耳を傾けて、聴く姿勢が大切です。

②関係をつくる過程の重視

利用者と援助者の、**基本的な信頼関係を築く過程を重視する**という原理です。利用者と一緒に問題解決の方法を探し、援助内容について検討（契約）し、合意しながら活動していく過程を重視するという考えです。利用者の気持ちや考えに理解を示したり、一緒にやってみるなど、問題や課題を共有するプロセスが、利用者に変化をもたらすのです。このように、問題解決の過程を援助することは、**利用者が本来の自己を取り戻し、考え、自信をもって判断していく過程を援助すること**と言っても過言ではないでしょう。

①、②のような原理によって、施設の利用者が人間性を回復し、自己実現に向かい、生活の質が向上し、さらには生活全体の維持や継続につながっていきます。実習の際には、職員（保育士や指導員など）の利用者（子どもたちや保護者など）に対する姿勢や援助の仕方に注目して、そこから知識や技術を学ぶことを心がけましょう。

続いて、個別の援助技術について学んでいきます。

3 ソーシャルケースワーク（個別援助技術）

ソーシャルケースワークとは、**利用者一人ひとりの生活問題に応じて、利用者自身が社会資源を使って問題解決を図り生活環境などを改善できるような方法を検討・実践していくなど、それぞれの問題を個別にとらえ対応する専門援助の方法です**。この技法は、社会福祉の分野だけではなく、広く専門職に応用されています。

児童福祉に関係する分野ではたとえば、児童相談所の児童福祉司や福祉事務所のケースワーカー、児童福祉施設の保育士や児童指導員などが用いています。

たとえば、児童福祉施設では、保育士や児童指導員が個々の利用者の自立支援計画、あるいは障害者総合支援法にもとづく個別支援計画を作成し、利用者に関する基礎情報を把握する担当者になるなどの責任を担っています。また、現代では、児童福祉施設における仕事自体が大きく変化している状況も見逃せません。たとえば、家庭支援や関係機関との連携などが緊密におこなわれている状況があり、保育士や児童指導員にとっても、個別援助技術の知識や技術、技能の向上などが大きな課題になっています。

この技術は、児童福祉施設の生活のなかで日常的に用いられることになります。子どもと家庭を支援する際の、基礎的・専門的技術です。ここでは、実習の際に留意すべきことを紹介します。

①子どもや親、家庭の個別性を尊重する

ソーシャルワークの基本原理でもふれましたが、利用者の個別性を尊重することが原則です。集団保育や施設における集団生活をしていると、しばしば見失いがちになる傾向がありますが、この原則をしっかりと理解しておきましょう。

たとえば、子どもの名前です。一人ひとりに名前があり、年齢が異なります。また、施設に入所している子どもが生きてきた環境は皆、同じでしょうか。子どもが抱えている問題は皆、同じでしょうか。子どもたちの将来は皆、同じでしょうか。言うまでもなく、一人ひとりが個性をもった子どもです。したがって、**専門職として、改めて利用**

者の個別性を尊重することによって、その子らしい生き方がスタートできるようにするのです。それが、その子どもの本来もっている権利なのですから。入所前の段階から、子ども一人ひとりを理解するようにしておくことが重要です。

②利用者の状況をありのままに受けとめる

　子どもが本来の自分らしさを取り戻すために、その状況をありのままに受けとめ、話を引き出します。怒りや悲しみの感情も受けとめ、子どもと家庭のことを理解していくなかで、子どもとその家庭が主体性を発揮できるように、専門的な援助関係を築いていきます。

　これは、すぐに身につく技術ではありません。専門知識や技術を学習するとともに、繰り返し、意図的に訓練や経験を重ねて技能を磨く必要があるものと考えておきましょう。この原則は、まさに、その子どもをその子どもたらしめ、自らの気づきをもたらす技法なのです。実習の際は、まずは利用者をありのままに受けとめるように心がけましょう。

③事実を観察し、簡潔に記録する

　専門的な援助関係を築いていくために、記録の活用も欠かせません。一人ひとりの生活を観察し、簡潔に記録するようにしましょう。利用者のなかには自身の状況を十分に認識することが困難な人もいますから、継続的に記録して把握し、課題を分析する方法が有効なのです。これによって、生活力や、生活課題や関係の課題などが見えてきます。もし、あなたが、「子どもや家庭が理解できなくなった」と感じたら、観察し記録するというこの原則に戻ってみましょう。この能力を身につけるには、実習が一番です。

④利用者が自ら課題を発見する機会をつくる

　施設の利用者が抱えている問題は当然、一人ひとり異なります。「問題」とは、「ある生活状況のなかで、その人にとって、生きるうえでの支障になっていること」としておきましょう。

　ソーシャルケースワークの手法では、たとえば問題に対する本人の認識や、どうしたいのか（意向）を知ることから、目標や、目標の実現方法（条件や過程）などを明確にしていくのです。問題を明確にす

る過程で、**利用者自身に気づきが生まれてくること**が期待できます。利用者がこれらの基本的な情報が整理できたら、社会資源や社会関係に視点を広げていきます。

⑤利用者の変化と援助の意義を理解する

　個別援助の過程を大きくとらえると、「まず利用者の話から、当事者の意向や状況を把握して問題の本質をつかむ→初期の評価（判断）をする→問題の解決のために、どのような課題にどれくらいの期間どのようにして取り組むか、一緒に計画を考える→合意を得る→日々の生活のなかで課題に取り組む→一定の期間を経て再評価し、目標の達成に至ったかどうか判断する」という流れになります。必要な期間は、その課題によって設定されています。実習の際には、そのようなサービス提供の組み立てにも注目してみましょう。

⑥支援のプログラムや場面設定から、支援の構造を理解する

　施設は、子どもと家庭の援助をする場合のプログラムや課題を習得していくための場面設定、社会資源の活用など、さまざまな援助・支援のノウハウをもっています。利用者が自ら環境を変えていくことが難しい場合には、施設が環境を用意するのです。たとえば、今後の生活を前提にした基礎的な知識や技術を習得するプログラム、生活場面における生活習慣の習得、社会資源の活用のための学習や関係調整、スポーツ、レクリエーションなどです。グループワーク（後述）も活用される場面です。

⑦組織全体の動きに注目し、ネットワークを理解する

　ソーシャルケースワークは、発揮できる環境があって初めて成り立ちます。施設は、組織（システムとネットワークと責任分担）で仕事に取り組んでいます。基本的に利用者（子どもと家庭）は、ある程度の集団生活を余儀なくされます。保育士の仕事も、集団生活を基本に援助・支援しています。

　では、集団生活の流れに乗れない利用者がいる場合にはどうすればよいのでしょうか。ほかの利用者や職員チームの協力のもと、個別に援助することができるように、組織の環境が整えられていることが重要です。組織としての時間管理、組織管理、チームワーク、**スーパー**

ビジョン▶7といった体制とともに、面接室や活動室などの空間的な場も整備されています。ソーシャルケースワークを支える背景にも注目して、保育士の仕事をとらえていきましょう。

　こうして、基本的には、利用者が生活力や意欲などを向上させて、将来に向けた自立を果たしていけるように援助していきます。それが可能となるような専門職がいる状況こそ、ソーシャルケースワークが生きるのです。次の事例で、具体的なケースを見てみましょう。

事例 ユカちゃん、大丈夫?

　Lさんは、児童養護施設に勤務して5年目になる保育士です。幼児から高校生までの子どもたち6人が生活する場で働いています。

　Lさんは、施設の子どもたちが保育所や学校で過ごすなかで、周りの子たちと同様にいろいろな活動や学習を体験できるよう目を配ってきました。

　そんな折、Lさんは、小学5年生のユカちゃんの1学期の成績通知を受け取って驚きました。いつも明るくふるまい、宿題も真面目にこなすユカちゃんの成績がずいぶん落ちているのです。学校の先生も心配しています。

　二人きりの状況で、Lさんがユカちゃんに成績の話をすると、5年生になって勉強が難しくなったと言うのです。Lさんは、「私に話してくれたらよかったのに」と言いながらも、常に忙しくしていて、話を聴く姿勢が十分ではなかったと反省しました。

　Lさんは、同僚の児童指導員や個別担当職員に相談し、改めてユカちゃんの生活を見直しました。すると、勉強への自信がなくなっていたためか、以前よりもゲームをしたりテレビを見たりする時間が長くなっていたことなどがわかってきたのです。小学校高学年にふさわしい生活や学習への取り組みができるように、ユカちゃんの自立支援計画を再検討することが決まりました。

▶7
施設において援助者と利用者がよりよい援助関係を形成するために、利用者との関係について、援助者が同僚や上司や外部の専門家などに相談し、援助関係への示唆や助言、指示を得ることをいいます。

第3章　保育士とソーシャルワーク

事例から考えてみよう

事例の感想と、自分ならどう行動するか書いてみよう

4 グループワーク（集団援助技術）

　続いて、グループワーク（集団援助技術）について学んでいきましょう。皆さんは実習期間中、基本的に、施設の生活集団に属することになります。そこでは、グループワークの手法が取り入れられていることが多いことをふまえておきましょう。

　グループワーク（集団援助技術）とは、「**意図的なグループ経験を通じて、個人が社会的に機能する力を高めるとともに、集団としての成長や発達を促進するもの**」です。総じていえば、グループの力を使って、個人、集団、地域社会のさまざまな問題に対してより効果的に対処できるように人々を援助するという技法です。グループワークは、研修などでも多様に展開されています。

　施設での活用場面を考えてみましょう。子どもたちが自分たちで食事を作る機会を増やそうということや、利用者同士の親睦を深めようということから、グループワークを活用したプログラム（行事）が計画される、といった例があります。

　このように、**共通の目的と実現のための課題を設定し、共有していく**ようになると、連帯感が生まれ、リーダーやいろいろな役割ができ、リーダーが育ち、参加し意見を表明するメンバーが育ちます。課題実現に向けてみんなが協力し合い、課題を解決し、満足のいく結果を生み出していくというものです。そして、**想像以上の成果を生み出す可能性がある**というところに、**グループを活用するメリット**があります。そのような想定のもとに、個々人が集団として課題に取り組み、個人

も集団も成長していけるように、お互いに援助していくことが、グループワークの基本的な構造です。

5 実習における立ち位置について

　ソーシャルワークの技法には、このほかにもさまざまなものがありますが、本章では、実習の参考のために、代表的な二つの技法を紹介しました。児童福祉施設における保育士としての立ち位置、権利保障とソーシャルワークのポイントがつかめましたか。

　実習にあたっては、まずは、子どもたちの生き生きとした生活と成長・発達への可能性を思い描いてみましょう。本章を振り返り、子どもたちの権利保障とはどういうことなのか確認し、援助・支援の課題や解決策の基本原理をおさえておきましょう。

　人権の尊重は、利用者の声を聴くことから始まります。なかなか素直に気持ちを伝えられない子どもに対してこそ、胸の内を聴き取る糸口を探しましょう。

　また、**幼児期や学齢期は、人間の一生のなかでも変われる時期、変わりやすい時期です。**そのことを思い、逆境を順境に変え、課題を乗り越えて、自己実現していく手伝いをさせていただきましょう。

　最後になりますが、先人の手法のなかに、明るい未来があることをぜひ、発見してください。ソーシャルワークがわが国の現場に活きてくるのは、これからなのかもしれません。今後、みなさんは、それを担う役割を負っているのです。実習の場で、心して学ばせていただきましょう。

| 第 4 章 |

施設別の
実習の内容

本章の第1節から第5節では、子どもの社会的養護を目的とした施設の実習について学んでいきます。「社会福祉」や「子ども家庭福祉」、「社会的養護Ⅰ」「Ⅱ」などの授業で学んだことを整理・確認しながら、各施設の役割と実習内容について具体的に理解しましょう。第6節から第10節では、障がい児を対象とした施設の実習について学んでいきます。「社会福祉」や「障害児保育」などの授業で学んだことを整理しながら、実習内容についての具体的なイメージを描けるようにしましょう。

1 乳児院での実習

1 乳児院の概要

❶乳児院の支援の対象者とは

　赤ちゃんは10か月もの長い間、母親のお腹で大切に守られ、多くの人が待ちわびるなか生まれてきます。そして家族の愛情を受けながら、すくすくと成長していきます。しかし、なかには、生まれて間もない時期から、親や家庭の事情によって家庭で育つことのできない乳児もいます。

❷乳児院を支える制度と現状

　乳児院では、上記のように家庭において育てられない何らかの事情のある乳児もしくは幼児（原則2歳くらいまで）が生活しています。入所の際の調査・判断は児童相談所[1]がおこないます。

　児童福祉法第37条は、「乳児院は、乳児（保健上、安定した生活環境の確保その他の理由により特に必要のある場合には、幼児を含む。）を入院させて、これを養育し、あわせて退院した者について相談その他の援助を行うことを目的とする施設とする」と定義しています。

　厚生労働省の報告[2]によれば、全国に145の乳児院があり、その規模は20人未満の小規模なものから50人前後までさまざまです。定員総数は3,802人で、2,560人の乳幼児が入所しています。入所の背景には、保護者の疾病や不適切な養育など、家庭において養育できない各種の事情があることに留意しておきましょう。

[1]
児童福祉法にもとづき各都道府県に設置されている相談機関で、児童福祉施設の利用に関する助言・判断や、必要に応じて一時保護もおこないます。本章第5節「児童相談所の一時保護所での実習」参照。

[2]
「令和4年社会福祉施設等調査の概況」参照。

❸乳児院の生活

続いて、乳児院の一日の例を紹介しましょう。

時間	7	8	9	10	11	12	13	14	15	16	17	18	19	
6:30 起床・検温・オムツ替え	**7:30** 視診・着替え・授乳・朝食		**9:30** 絵本・歌・おやつ・紙芝居・手遊び	**10:00** 散歩・入浴などの活動	**11:00** 授乳・昼食	**12:00** 午睡		**14:00** 目覚め・オムツ替え・検温 / **14:30** おやつ	**15:00** 室内遊び、外遊び	**16:00** 入浴	**17:00** 授乳・夕食	**18:00** 自由遊び	**19:00** 就寝	（0:00・3:00など適宜授乳）

ここをチェックしよう！

　乳児に必要な睡眠時間を意識してみましょう。また、0歳児には夜中にも適宜授乳します。乳児院では特に、24時間体制のケアが欠かせません。

　乳児院での養育の基本は、言語による意思表示ができず一人では生活できない乳幼児の生命を守り、成長・発達に合った健康的な生活を保障するものです。上記の日課から、保育者のはたらきを想像してみましょう。応答的・継続的なかかわりによって、乳幼児が保育者と愛着関係・信頼関係を築けるように援助しています。

　直接子どもにかかわる職員は保育士、看護師、児童指導員たちですが、子どもの育ちを支えるために、多くの専門職員▶3が携わっています。実習中、それぞれの役割や連携についても着目しましょう。

子どもたちの絵や、職員手作りの飾りがある居室

▶3
医師、看護師、保育士、児童指導員、個別対応職員、家庭支援専門相談員、栄養士、調理員、心理療法担当職員、里親支援専門相談員など。

第4章　施設別の実習の内容

2 乳児院の実習準備

　実習に向けてのオリエンテーションなど、基本的な準備については第2章で学んできた通りです。ここでは、乳児院に実習に行くというあなた自身がどのように準備したらよいかを改めて考えてみましょう。

　まず実習先の乳児院について、その所在地、自宅からの距離・経路・時間、さらに創設時期などの沿革や理念など、基本的なことを知っておいてください。

　オリエンテーションでは、実習するクラス▶4 の担当職員が紹介されたり、施設内の見学をしたりするほか、施設の目的や機能、一日の生活の流れ、保育士としての仕事、実習の際の心がまえや注意点などが案内されます。**特に、乳児の抱き方、授乳の仕方、基本的なかかわり方など、実習先の乳児院における乳幼児との接し方については、しっかりと理解するようにしましょう。**

　オリエンテーションを通して、施設全体のはたらきや実習の流れを大まかにイメージできるようにしましょう。これが、実習計画の作成につながります。また、オリエンテーションの段階から実習先の一員になったつもりで、わからないことは質問しましょう。

▶4
施設では、年齢別のクラスや居室、寮など、生活単位もさまざまですが、本書では総称して「クラス」とします。

哺乳瓶の洗浄など、清潔・安全管理の
仕方も見ておこう

③ 乳児院の実習の実際

　実習初日は集合時間に遅れずに到着して、実習担当職員に挨拶をしましょう。実習担当職員の案内のもとで、職員全体への挨拶や担当クラスへの移動、初日当日や実習全体のスケジュールについて打ち合わせや再確認をおこないます。

　実習先の方針などによって違いもありますが、実習当初は、乳児院の一日の流れや乳幼児の様子を知るために、それぞれの子どもの名前を覚えたり、保育士や看護師の仕事を観察することになるでしょう。子どもの個々の状況によって、職員がどのような点（安全や安心など）に注意して保育しているか読み取れるように意識してください。

　実習生が、乳幼児や保育業務への基本的な理解ができており、それが認められれば、見学から実際の仕事へと実習段階を進めることができるでしょう。また、子どもたちの育ちの背景なども、必要に応じて教えてもらえることになるでしょう▶5。

▶5
p.26の「3 プライバシーの厳守」を参照。

　こうして、食生活、衣生活、睡眠環境などにおいて発達段階に応じた健康・安全の管理をおこない、また、家庭との関係を調整するなど、養育・支援の基本について具体的な対応から学ぶことができます。

　実習後半は、実習を振り返りながら子どもたちとかかわり、職員への感謝を忘れずに過ごせるようにしましょう。

　このような一連の流れを理解することが、実習計画の作成につながります。計画を立てる際に施設の協力が得られるようなら、実習担当職員からのアドバイスを取り入れるとよいでしょう。

誕生日など記念写真用の衣裳
こうした記念写真も、大切な成長の記録になる

F乳児院は、定員30人の施設です。実習生Aさんは、保育士Mさんの指導を受けることになりました。Mさんが担当しているアキちゃんは、生後3か月で入所したそうです。現在は生後8か月で、ハイハイでMさんを追いかけたりしています。

　実習3日目に、実習生Aさんのところへアキちゃんが近寄って甘えてきました。Aさんがアキちゃんを抱き上げると、うれしそうにしています。そしてアキちゃんは、翌日も翌々日も甘えてくるようになりました。

　Aさんは、自分がアキちゃんを抱っこしている時間が長くなっていること、クラス全体への目配りやさまざまな業務への対応がおろそかになっていることに気づきました。集団としての日課の進行と、アキちゃんへの対応をどのように把握し、どのように動いたらよいか、難しさを感じています。

事例から考えてみよう

事例の感想と、自分ならどう行動するか書いてみよう

事例を考えるためのアドバイス

　アキちゃんの発育の状況や、成長・発達の課題は何か、担当保育士のMさんが一番よく知っています。この事例のような場合にはどうしたらよいか、具体的な状況を話したうえで、疑問点は迷わず質問します。個別の対応（アキちゃんへのかかわり）と集団への対応（クラス全体へのかかわり）について学ぶ機会ととらえましょう。

乳児院の実習日誌例（一日の流れ）

○○ 年 ○ 月 ○ 日 ○　曜日　　　天候　○○　　　　　　（第2日目）

実習のねらい：調乳・授乳・食事の介助の仕方について学ぶ。

時間	施設利用者の活動と状況	職員の動き・援助	実習生のかかわりと気づき・考察
8:20	・ミルクを飲む ・自由に遊ぶ	・授乳	・部屋の掃除・片づけをする ・調乳の仕方を学ぶ
9:00		・朝の申し送りをする ・離乳食の準備をする	・申し送りに参加する
9:30	・Aちゃん、Mちゃんは離乳食を食べる ・オムツ交換	・声かけしながら、楽しい雰囲気のなかで食べさせる ・食器を片づける ・おしゃぶりの消毒をする	・途中で保育士のN先生に代わり、食べさせる（途中でまたN先生に代わる） ・オムツを換える ・おしゃぶりの消毒を習う
10:00	・オモチャで遊ぶ ・外気浴をする ・Aちゃんはミルクを飲む	・オモチャ箱を持ってくる ・窓を少し開ける ・Aちゃんにミルクを飲ませる	・一緒に遊ぶ
10:30	・オムツ交換	・「オムツ換えようね」とやさしく声かけしながら換える	・オムツを換える（ウンチのとき、お尻を手早くきれいに拭く方法を見て知る）
11:00	・昼食を食べる（タンポポクラス）	・子どもが自分から楽しく食べられるように介助する	・声かけしながら食事の介助をする
12:30	・オムツ交換 ・検温	・オムツを換える ・検温し、記入する	・オムツを換える ・一緒に検温の仕方を学ぶ
13:00	・午睡	・子どもの体に、やさしくトントンと触れながら寝かしつける	・寝かしつける
15:00	・オムツ交換 ・積み木や絵本で自由に遊ぶ	・着替えを用意する	・着替えの準備を手伝う ・声かけしながら着替えの介助をする
15:45	・入浴	・入浴の準備をする ・一緒に入浴する	
16:30	・自由遊び ・テレビを見る	・着替えの介助、視診など ・夕食の準備をする ・子どもをイスに座らせ、前かけをつける	・子どもたちと集まって、一緒にテレビを見て遊ぶ ・テーブルを拭く ・前かけをつける
17:00	・夕食を食べる	・楽しく夕食の介助をする	・Bちゃんの介助をする
17:45		・食堂の片づけをする	・片づけ ・床など、拭き掃除

すばらしい 😊
観察から学んだこと、教えてもらったことを具体的かつ簡潔に記入できています

もうすこし 🙂
言葉かけや介助の工夫を具体的に書くと、振り返るときに役立ちます

すばらしい 😊
職員の具体的なかかわり方が記録できていますね

乳児院の実習日誌

　乳児院の実習日誌例を、前のページに掲載しました。第2章で取り上げた「一日の流れ」の望ましい記録例、望ましくない記録例も振り返りながら、記入のポイントを見ていきましょう。

記入のポイント

Point 1

　一日の日課のなかにある活動（ねらい・内容）と、子どもの様子（どう参加しているか）、保育者の動き（援助方法と技術）をとらえて、事実を正確に記録します。観察・記録から、援助の視点をつかむことにつなげていきます。

Point 2

　保育者と子どものやりとりは、子どもの成長・発達を促す重要なポイントです。保育者のはたらきかけを、わかりやすく書くようにしましょう。今後の振り返りや学習につながります。

Point 3

　乳児院は24時間体制のため、職員が役割分担をしながら子どものケアにあたっています。実習生が一人の保育者として担ったことも意識して記入するとよいでしょう。

日誌例の優れていると思う点、より工夫できる点をあげてみよう

乳児院の施設長より

　乳児院にはさまざまな子どもがいて、一人ひとりが大切な存在です。実習する皆さんには、いろいろな見方があると思いますが、ありのままを受けとめていただきたいと思います。そのうえで、私たちが大切にしていることをいくつかお伝えしますので、実習の際の参考にしていただければと思います。

1　乳幼児の一人ひとりが安全かつ安心して生活でき、健康な状態で過ごせる環境に努めています。

2　乳幼児とのかかわりについて、ベストな方法かどうか常に自問自答しています。愛着関係や基本的な信頼につなげるために大事なことです。

3　生活がマンネリ化していないか、単調になっていないかどうかも重要です。仕事の処理が優先され、乳幼児の生活リズムがおろそかになるようではいけません。

4　働く者同士が、心を開いてお互いにパートナーシップを発揮できるよう努めています。チームワークが大切です。

5　子どもの最善の利益という観点のもとに、乳幼児の親や家族と温かな関係を築いていきます。

6　地域の方々や関係機関からご理解・ご協力をいただけるような組織を目指して、連携を大切にしています。

　まだまだいろいろありますが、皆さんに、ぜひ知っていただきたいことをお伝えしました。よい実習ができますよう期待しています。

　乳児院での実習のためには、さまざまな理解が求められます。子どもたちのこと、子どもたちへの接し方、生活の組み立て方、個別の支援の課題、職員の業務内容とその根拠、乳児院の社会的役割などです。実習、すなわち実体験を通して得られる学びを大切にしてください。

1 児童養護施設の概要

❶児童養護施設の支援の対象者とは

保護者のいない子どもや、さまざまな理由から家族と生活することができない事情のある子どもがいます。社会は、そのような子どもたちを保護し、家庭に代わる場所で安定した生活が送れるように支援する必要があります。

❷児童養護施設を支える制度と現状

児童養護施設では、上記のような状況にあるおおむね18歳未満の子どもたちが生活しています。

児童福祉法第41条は、児童養護施設を次のように定義しています。「児童養護施設は、保護者のいない児童（乳児を除く。ただし、安定した生活環境の確保その他の理由により特に必要のある場合には、乳児を含む。〔中略〕）、虐待されている児童その他環境上養護を要する児童を入所させて、これを養護し、あわせて退所した者に対する相談その他の自立のための援助を行うことを目的とする施設とする」。また、乳児院などほかの児童福祉施設と同様、施設長は、当該施設の所在する地域の住民に対して、児童の養育に関する相談に応じ、助言をおこなうよう努めなければならないとしています（児童福祉法第48条の2）。

厚生労働省の資料▶6によれば、全国に610の児童養護施設があり、児童定員総数は29,960人、入所児童数が23,486人です。

児童養護施設に入所する子どもの約6割が家庭から、約2割が乳児院などの児童福祉施設から来ています。また、入所している子どもの6割以上に虐待経験があるという状況も、子どもを理解するための背

▶6
「令和4年社会福祉施設等調査の概況」参照。

景として知っておきましょう。子どもたちの今後の見通しについては、「保護者のもとへ復帰」が3割弱、「自立まで現在のまま養育」が6割弱で、そのほか、養子縁組や別の児童福祉施設へ変更となる子どもたちもいます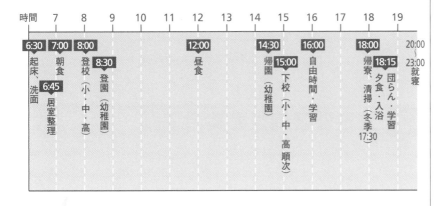▶7。

▶7
「児童養護施設入所児童等調査の概要（平成30年2月1日現在）」参照。

❸児童養護施設の生活

ある児童養護施設における一日（平日）を紹介します。

時間　7　8　9　10　11　12　13　14　15　16　17　18　19

6:30 起床・洗面
6:45 居室整理
7:00 朝食
8:00 登校（小・中・高）
8:30 登園（幼稚園）
12:00 昼食
14:30 帰園（幼稚園）
15:00 下校（小・中・高順次）
16:00 自由時間・学習
18:00 帰寮、清掃（冬季17:30）
18:15 団らん・学習
夕食・入浴
20:00〜23:00 就寝

ここをチェックしよう！

　幼児から高校生までがともに暮らすため、自由時間や夕食後の過ごし方が多様であることが想像できますね。自由時間や学習時間に、保育士や指導員が子どもに対してどのようにかかわっているか実習で学びましょう。

　児童養護施設における養護の目的は、**子どもの自主性を尊重するという前提のもとで、子どもにとって安定した生活環境を整え、その心身の健やかな成長と自立を支援することです**。子どもたちが基本的な生活習慣を確立して、豊かな人間性・社会性を身につけ、将来自立した生活を営むことができるように、必要な知識・経験・技能などを指導しています。そのためには家庭や学校との関係を調整し、連携していくことも欠かせません。子どもたちが学校で過ごしている間も、職員▶8はさまざまな業務にあたっています。

　職員は子どもたちのグループと共同生活を送り、生活寮といった単位ごとに指導する体制をとっています。子ども一人ひとりの担当者もいて、**自立支援計画**▶9の策定や**育成記録**の作成などに携わっています。職員の役割と連携にも着目しましょう。

▶8
児童指導員、嘱託医、保育士、個別対応職員、家庭支援専門相談員、栄養士、調理員、看護師、心理療法担当職員、職業指導員、里親支援専門相談員など。

▶9
p.64の説明を参照。

読み物や辞書を揃えた学習室

❷ 児童養護施設の実習準備

　実習準備の基本的な内容は、第2章で学んできた通りです。あなたが実習に行く児童養護施設について知るためには、事前の情報収集と、実習先でのオリエンテーションが重要な機会となります。たとえば児童養護施設には、大舎制、中舎制、小舎制▶10といったいろいろな生活のかたちがあるので、実習先の施設のタイプも確認しておきましょう。

　オリエンテーションでは、実習するクラスの職員が紹介され、施設内の見学とともに、施設の目的や機能、一日の生活の流れ、保育士としての仕事、実習の際の心がまえや注意点などが案内されます。

　オリエンテーションで得られた情報をもとに、施設全体のはたらきや実習の流れをとらえてください。そのうえで、実習計画を作成していきます。

　また、**わからないことや不安な点はそのままにせず、必ず質問しましょう。たとえば、「学習」の時間があると知って「私も勉強を教えるのかな?」などと思い至ったら、質問したい事項としてメモに残しておきます**。なお、情報収集でもオリエンテーションでも、必要事項をただ見たり聞いたりするのではなく、メモ帳などに必ず書き留めておいてください。実習の序章は始まっています。

▶10
大舎制ではおおよそ20人以上の子どもが一つの建物内で集団生活を送っており、中舎制では大きな建物を区切るなどして13〜19人程度で暮らしています。小舎制では、12人以下の子どもたちが暮らせる寮舎を敷地内に複数設置します。

③ 児童養護施設の実習の実際

　実習初日は集合時間に遅れずに到着して、実習担当職員に挨拶をしましょう。実習担当職員の案内のもとで、職員全体への挨拶や担当クラスへの移動、初日当日や実習全体のスケジュールについて打ち合わせや再確認をしていきます。

　実習前半は、児童養護施設の一日の流れや、年齢もさまざまな子どもたちの生活の様子、一人ひとりの名前、保育士や指導員の仕事を観察し理解するようにしましょう。実習先の方針にもよりますが、まずは部屋の掃除や片づけ、食器洗いなど、生活環境を整える手伝いをしながらの観察実習となります。実習生と子どもたちとの間で自然に声をかけたり、かけられたりしていくなかで、徐々に生活共同体の一員としての立ち位置が見えてくるでしょう。

　実習中盤になると、食生活、衣生活、睡眠環境などにおける発達段階に応じた具体的な養育・支援の対応について学びます。**生活習慣などを子どもたちからも教えてもらうと、打ち解けるきっかけになります**。もちろん、子どもたちとのやりとりは実習担当職員に伝えるようにしてください▶11。

　このような実習の流れを理解しておくことが、実習計画の作成につながります。計画を立てる際に施設の協力が得られるようなら、実習担当職員からのアドバイスを取り入れるとよいでしょう。

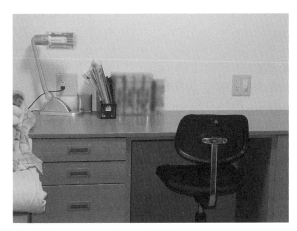

子どもたちそれぞれの個室

▶11
「内緒の話だよ」「誰にも言わないで」などと子どもに言われた場合も同様です。実習生だという立場を忘れないようにしましょう。

事例 何と言えばよかったのだろう

　実習生Kさんが配属された児童養護施設の生活寮は、幼児から高校生までの男女10人が生活し、保育士Wさんを含む3人の職員が交替で勤務しています▶12。

　実習3日目、小学5年生のユウトくんが、学校の宿題を手伝ってほしいとKさんのところへ来ました。夕食までには時間があり、保育士Wさんは事務所に用事があって不在です。Kさんは「それじゃ、最初は自分で考えてみようか。一緒に見ているからね」と言うと、ユウトくんは怒って、「なんだ、つまんないの。あんた実習生でしょう」と言って自分の個室へ戻ってしまいました。

▶12
この生活寮の形態は、大舎制、中舎制、小舎制のどれにあたるでしょうか。確認してみてください。

事例から考えてみよう

> 事例の感想と、自分ならどう行動するか書いてみよう

事例を考えるためのアドバイス

　ユウトくんは、なぜ怒ったのでしょう。実習生Kさんが「いつもはどうしているの?」などと聞いたら、異なる反応があったでしょうか。子どもたちが生活上の課題をどのように解決しているのか考えてみましょう。また、あなたがKさんなら、ユウトくんの行動について、保育士Wさんにどのように話すでしょうか。

　子どもたちは実習生Kさんをどのように受けとめているのか、保育士Wさんは子どもたちにとってどのような存在なのかについても考えてみましょう。

児童養護施設の実習日誌例（一日のまとめ）

一日のまとめ（反省・感想など）	実習生氏名	○○○　○○○

実習の3日目、早朝から3時過ぎまでの生活のなかで、子どもたちの様子を観察しました。起床、朝食、登校、帰寮後の様子などから、子どもたちが生活のなかで成長していく様子を知ることができました。

朝食では、CさんやDさんは食事当番として早めに食堂に行き、自分の寮の年下の子どもたちのために配膳をしていました。高学年の小学生や中学生は、生活全般を通して「お兄さん、お姉さん」らしく振る舞っています。そのような姿は、年下の子どもたちに対してだけでなく、職員の方々とのかかわり方にも見られます。食堂では、調理場の方々におはようございますと礼儀正しく挨拶し、配膳をしていました。こうした役割を与えられ、自然に年少の子を思いやる気持ちが芽生えることで、社会性が身につくのではないかなと思いました。

> すばらしい ☺
> 実際に自分の目で見たこと、体験したことから気づきを得ていますね

下校すると、寮に鞄を置いて外に飛び出していく子や、部屋で宿題をする子がいます。小学校低学年の子どもたちは、中庭でドッジボールをしていました。私は近くで見ていたのですが、一緒にやろうと誘われました。けっこうねらわれましたが、悪い気はしませんでした。ようやく仲間に入れたかな、と感じました。これからは自分から遊びに加わっていこうと思います。

> すばらしい ☺
> 「仲間に入れた」だけで終わらず、自分の課題を発見できています

生活寮に戻ると、小学校高学年のKくんが宿題をしていました。保育士のM先生は、Kくんに「これは、どう考えたらいいかな。この前解いた問題と似ているかもね」と学習指導をしていました。それぞれの子の理解度や課題を頭に入れて対応している様子が見えて、すごいなと思いました。

生活を通して、いろいろなことに気づくことができました。明日もさらに、学習を深めていきたいと思います。

担当指導者の助言・感想
（各施設の実習担当の先生よりコメント）

担当指導者　　　　　　㊞

児童養護施設の実習日誌

　児童養護施設の実習日誌例を、前のページに掲載しました。第2章で取り上げた「一日のまとめ」の望ましい記録例、望ましくない記録例も振り返りながら、記入のポイントを見ていきましょう。

記入のポイント

Point 1

　子どもたちの生活のなかの課題に着目しましょう。日常生活の積み重ねが、発達に大きく影響します。子どもたちの姿や言動をわかりやすく簡潔にまとめられるようにしましょう。

Point 2

　援助者の動きや声かけなどに着目しましょう。保育士や指導員は、子どもにかかわりながら、行動の意味を一つひとつ実習生に説明しているわけにはいきません。観察し、その意味を読み取ることが必要です。

Point 3

　実習に入る前に学習した子どもと家庭の権利保障、保育士の倫理、子どもの成長・発達などの学びも振り返りながら日誌を書きましょう。

日誌例の優れていると思う点、より工夫できる点をあげてみよう

児童養護施設の実習指導責任者（養護係長）より

　私たちがいつも実習生に伝えていることについてお話します。

1　実習生には、「わからないことは、必ず確認するように」と
　　指導しています。

2　実習生が達成できたことを認めて、次のレベルアップに向け
　　て励ましています。

3　実習生には、さまざまな気づきや疑問があると思います。当
　　園では実習生からの質問を受ける時間を設けていますので、
　　ぜひ質問をしてください。

　以上のような実習指導は、実習生が自ら学ぶ姿勢を大事にして
いきたいということから実行しています。そのためにも、現場に
来る前から考える力をつけていただきたいと願っています。皆さ
んがよい実習ができますよう期待しています。

　児童養護施設の実習で大切なことは、何よりも子どもとその生活を
理解し、子どもの成長や発達を促すために関係づくりができるかどう
かということでしょう。本書を手にしている皆さんも、実習課題の作
成から実際の活動、実習日誌まで、ぜひ主体的に取り組んでください。

3 母子生活支援施設での実習

① 母子生活支援施設の概要

❶母子生活支援施設の支援の対象者とは

ひとくちに「家族」といっても、そのあり方はさまざまです。両親がいる場合もあれば、母子家庭、父子家庭、祖父母が保護者となっている家庭もあります。これから皆さんが母子生活支援施設で出会うのは、さまざまな理由によって母子家庭となり、援助を必要とする母親と子どもの家族です。

❷母子生活支援施設を支える制度と現状

母子生活支援施設は、母親と、その母親が監護すべき20歳未満の子どもが、行政措置にもとづいて生活している児童福祉施設です。この施設の利用についての相談は、**福祉事務所**▶13でおこなわれています。そこでは、母子家庭などの相談を担当する**母子自立支援員**がさまざまな相談に応じたり、自立に必要な助言・指導をおこなったりしています。

児童福祉法第38条は、「母子生活支援施設は、配偶者のない女子又はこれに準ずる事情にある女子及びその者の監護すべき児童を入所させて、これらの者を保護するとともに、これらの者の自立の促進のためにその生活を支援し、あわせて退所した者について相談その他の援助を行うことを目的とする施設とする」と定義しています。また、「配偶者からの暴力の防止及び被害者の保護に関する法律」(DV防止法) 第3条に定めているように、被害者を一時保護する委託施設としての役割があります。

厚生労働省の調査▶14によれば、全国には204の母子生活支援施設

▶13
社会福祉法第14条に規定されている「福祉に関する事務所」であり、都道府県および市に設置されている社会福祉行政機関です。

▶14
「令和4年社会福祉施設等調査の概況」参照。

があり、7,305人が生活しています。最近の母子生活支援施設への入所理由を見ると配偶者からの暴力が最も多く、入所世帯の半数を占めています。そのほか、経済的理由、住宅事情、母親の心身の不安定などによっても多くの母子が入所しています。母親の就労状況は臨時・日雇い・パートが5割弱、不就労が約3割、常用勤労者は2割弱です▶15。

▶15
「児童養護施設入所児童等調査の概要（平成30年2月1日現在）」参照。

❸母子生活支援施設の生活

ある母子生活支援施設における一日の過ごし方を紹介しましょう。

時間													
	7	8	9	10	11	12	13	14	15	16	17	18	19

6:30	7:00〜8:00	9:30	14:00	16:00	18:00
起床（ただし家族により異なる）	母親の出勤 子どもの登園・登校	（業務連絡・相談援助など）	子どもの宿題・予習、自由時間（必要に応じて相談援助など）	おやつ、自由時間	母親帰宅、家族で過ごす時間（夕食・入浴・団らんなど）

ここをチェックしよう！

　ほかの施設の活動例と比べてみましょう。母子生活支援施設では、起床・就寝時間などを決めずに各家庭に任せていることもあります。それぞれの家庭の考えを尊重することと、望ましい生活習慣とのバランスについて皆さんも考えてみましょう。

　母子生活支援施設は、第一に母子家庭の生活の場を提供し保護をする施設です。そのうえで子どもの心身の健やかな成長を保障しながら、各家庭に対して自助・自立に向けた生活支援をおこなっています。この施設における生活支援とは、**母親と子どもがともに入所できる施設の特性を生かして、私生活を尊重し、親子関係の調整や再構築をおこなうことと、退所後の生活の安定を図りその自立を促進すること**です。もう一つは連絡調整の支援があげられます。それぞれの生活状況や、母親が働いているかいないかによって、就労・家庭生活・子どもの養育などに関する相談援助や関係機関との連絡調整をおこなっています。

　上記のような生活支援をおこなう**母子支援員**のほか、嘱託医、少年

を指導する職員、保育士、調理員、心理療法担当職員、個別対応職員らが働いています。母子支援員は生活支援・指導のほか、**自立支援計画**▶16や支援記録などの作成に携わっています。

▶16
p.64の説明を参照。

② 母子生活支援施設の実習準備

　ここでは、母子生活支援施設での実習の留意点を学んでいきましょう。基本的な学びは、第2章を振り返っておいてください。

　ほかの施設と同様に、まずは施設について知ること・調べることが大切です。母子生活支援施設の理念や運営方針は、職員による日常生活支援の基本だけでなく、**利用している母子と職員がどのような姿勢で関係を築いているのか**ということも示しています。このことを理解しておくと、より充実した学びにできますね。

　オリエンテーションでは、母子生活支援施設の機能と役割、事業概要、保育内容、学校教育との連携などを聞きもらさずしっかりと受けとめ、メモにも記しておきましょう。母子生活支援施設は、支援の対象が子どもだけでなく「子どもと母親」のため、どのようにかかわったらよいのか戸惑う実習生も多いようです。オリエンテーションの機会を有効に活用して理解に努めましょう。

　また、この施設では、**母親と子どもの意向が異なる場合でも、母子の気持ちをともに大切にする対応**が求められます。

　個々の違いはありますが、たとえば母親に対しては、「人は本来誰もが回復する力をもっているという視点から、母親の**エンパワーメント**▶17につなげる支援をする」といった姿勢が望ましいでしょう。また、子どもに対しては、「子どもと一緒に行動してくれる人」「生活に根差した知恵や感性をもっている人」など、望ましい大人像に実習生が応えることが望まれます。

▶17
ソーシャルワークの領域で用いられる概念です。ここでは、さまざまな問題を抱えて無気力（パワーレス状態）になっている母子が、新たな生き方を発見したり問題解決の主体者になるなど、主体的に生きていけるように支援する際の手法を指します。

　上記のような内容を実習前に学び、生活の場における人間理解の幅と対応力を少しでも上げられるようにしておきましょう。利用者が今後の生活に向けて自信がもてるように、誠実かつ専門的な支援をしていく必要があります。

③ 母子生活支援施設の実習の実際

　実習の初日は、予定時刻よりも、5分から10分程度早めに到着できるようにしましょう。

　初日のオリエンテーションは、具体的な実習についての内容になります。施設の一日の流れ、母子の名前や生活の様子、保育士や母子支援員の仕事などを知り、その役割や意義を具体的に理解していきます。

　2日目以降は、母子の日常生活の支援について学びます。職員から、利用者の生活状況や、関係機関との連絡調整に関する報告、当日の利用者の予定などを聞いて共有しましょう。また、同時に当日の支援の予定を打ち合わせます。

　実習が始まって2、3日は、施設内の片づけなどの仕事を手伝うことが多いようですが、施設の一員として徐々に認められるようになると部分実習をおこなう機会もいただけるでしょう。母子の私生活や主体性を尊重しつつ、それぞれの背景などをふまえて必要な支援をおこないます。実習生はまず母子支援員や保育士の動きをよく見て、生活支援や子どもの養育に関する援助の具体的な対応を見てください。職員のはたらきかけについて確認したいことや聞きたいことは、職員と実習生だけの空間で質問しましょう。

　実習終盤は、記録の整理のあと、食費の精算など事務的な処理をして、反省会が設定されているところが多いようです。実習を振り返り、かかわった母子や職員に感謝するなど、実習の仕上げのつもりで最後まで臨みましょう。

あんなに楽しそうに話してる… 支援員さん、何て声をかけたんだろう？

第4章

施設別の実習の内容

母子生活支援施設M寮は、定員20世帯の施設です。実習生C
さんは、初日のオリエンテーションで施設の概要について説明を
受けてから、母子支援員Jさんと施設内を見学しました。Cさん
は施設内にいた母子に挨拶をしましたが、「親がそばについてい
るのに、私にできることがあるのだろうか」と戸惑いを感じまし
た。

　2日目は早番で、朝の様子や日中の過ごし方などの見学です。
朝、小学3年生のユキオくんが「お母さんが起きてこない」と不
安げな顔で母子支援員Jさんに訴えてきました。Jさんが居室へ
行って母親に様子をたずねましたが、そのあとで居室から母親が
ユキオくんをしかっている声が聞こえてきました。

事例から考えてみよう

事例の感想と、自分ならどう行動するか書いてみよう

事例を考えるためのアドバイス

　ユキオくんと母親の両方の気持ちを考えてみましょう。役割を決め
て、ロールプレイをしてみてもよいでしょう。また、母子支援員の仕
事にどのようなものがあるか、調べてみてください。実習では、母子
支援員が親子の私生活を尊重しながらどのように介入しているか、タ
イミングなどに注目しましょう。

母子生活支援施設の実習日誌例（一日のまとめ）

一日のまとめ（反省・感想など）	実習生氏名	○○○　○○○

　実習の4日目、初めての早番で、早朝から3時過ぎまで親子の皆さんの生活の様子を見せていただきました。少しずつですが、生活の様子がわかってきました。同じ建物内で暮らしていても、それぞれの親子の生活のリズムがさまざまだということや、生活のペースを整えていくことの大変さを知ることができました。

　朝は6時半起床ですが、起床時間は世帯によって異なっていました。母子支援員のTさんは、そうした世帯の様子を見ながら、おはようと明るい声であいさつをしていました。退所が近いYくんは元気よく起きて、朝食を作っている母親の手伝いをしていました。入所して間もない別の母親と1歳のSちゃんはまだ寝ているようでした。起床の状況からも、それぞれの親子の生活スタイルが尊重されていると感じました。

　朝食は、簡単に済ませている世帯が多いと聞きました。朝食の時間中、「いつまで食べているの」「何やっているの」と大きな声でしかる声が聞こえてきました。4歳のUくんの居室だったようで、Uくんの泣き声も聞こえました。母親のRさんは就職活動で忙しいと話に聞いています。「母子ともにつらい時期なので、ていねいに見ていく必要がある」とTさんに教えていただきました。

　午前8時半過ぎ、Tさんと私は、各居室の状態を見て回りました。台所や部屋が散らかっているところもありました。居室の様子から母子の生活の状況がわかるので、これも大事な支援の一つであると知りました。親子自身の力で解決していくために、職員の方々がどのようにかかわっているのか、今後もしっかり学ばせていただきたいと思います。

担当指導者の助言・感想
（各施設の実習担当の先生よりコメント）

担当指導者　　　　　　㊞

> **すばらしい** ☺
> それぞれの母子の様子や職員のかかわりをていねいに見ることで気づきを得ています

> **すばらしい** ☺
> このように、実習に臨んで初めてわかったことや気づきを積極的に記録しましょう

第4章

施設別の実習の内容

母子生活支援施設の実習日誌

　母子生活支援施設の実習日誌例を、前のページに掲載しました。母子支援員をはじめ、職員から教えていただいたことも書きながら一日を振り返るとより深い学びにつながります。第2章で取り上げた望ましい記録例、望ましくない記録例も振り返りながら、記入のポイントを確認しましょう。

記入のポイント

Point 1

　親子の私生活にかかわっていることを意識して、実習日誌を書く際にも、子どもと母親両方の気持ちを重視する視点や配慮を忘れないようにしましょう。

Point 2

　それぞれの母子が抱えている生活上の課題を理解したうえで、母子自身や母子支援員が課題に対してどのように取り組んでいるか、具体的に書くように心がけましょう。

Point 3

　母子支援員や保育士の動き、声かけなどに着目して書くことです。
　母子の生活や行動、将来の目標に対して、どのような場面で、どのような支援をしているのでしょうか。観察し、関係づくりの過程をていねいに読み取りましょう。

日誌例の優れていると思う点、より工夫できる点をあげてみよう

母子生活支援施設の施設長より

　私が勤めている母子生活支援施設では、さまざまな課題をもつ母子を支援しています。たとえば暴力や貧困などの厳しい状況から抜け出すために、母親と子どもが自分の意思で課題と向き合って解決できるように支えていきます。その先では、親子が将来の夢や希望を見出し、自己実現に向けて歩んでいけるように、気持ちに寄り添うような支援が必要です。私たちが大切にしていることを、次にいくつか示しますので、実習前に読んでみてください。

1　まずは母子の生活のありのままを受けとめてください。生活を営むことのつらさ、苦しさを想像していただきたいと思います。そこから、母子の立場に立った支援を考える視点をもち、母子のパートナーとしてのご自身を意識してください。

2　生活や人間関係などの問題に疲れてきた母子が、本来もっている力を取り戻すこと、つまりエンパワーメントできるように応援するような支援の気持ちをもってください。

3　子どもが母親のことを気遣っている場合が多いのです。しかし子ども自身も、日々の生活や学習への取り組み、将来の夢や希望に向き合うことが大切な時期にいます。子どもがそれらの課題に取り組むにはどのようなはたらきかけが必要か、母子両方の気持ちをふまえて考えてみてください。

4　職員は、母子のこれからの住居、就労、子どもの教育など、子どもと母親両方のニーズに耳を傾け、母親の努力を引き出そうとしています。その支援方法に着目してください。

5　子育て期は、どの家庭も完璧ではありません。苦労をしながら子どもを育て、家庭をつくっていくのです。職員は「ともに成長しようとする大人」という立ち位置を大事にしています。

6　この施設がよりいっそう有効に利用されるためにも、職員の専門性が課題です。その点も視野に入れていただき、実習生から、私たち職員に刺激を与えていただきたいと思います。

　母子生活支援施設における実習では、何よりも、そこで生活している母子の私生活を尊重しつつ、実習生としてどう受け入れていただくか、関係づくりができるかどうかということでしょう。

4 児童自立支援施設での実習

1 児童自立支援施設の概要

❶児童自立支援施設の支援の対象者とは

社会には、家族関係や経済的な理由、あるいは学校など身近な環境における人間関係の問題などによって、非行などをおこなったり、あるいはおこなう恐れのある子どもがいます。このような場合、家庭だけが問題を抱えるのではなく、学校、施設、地域などが連携して相談や支援をおこなう必要があります。

❷児童自立支援施設を支える制度と現状

児童自立支援施設は、上記のような状況にある児童（18歳未満）を、児童相談所[18]の判断にもとづいて保護し、生活指導などをおこなう施設です。児童福祉法第44条は、「児童自立支援施設は、不良行為をなし、又はなすおそれのある児童及び家庭環境その他の環境上の理由により生活指導等を要する児童を入所させ、又は保護者の下から通わせて、個々の児童の状況に応じて必要な指導を行い、その自立を支援し、あわせて退所した者について相談その他の援助を行うことを目的とする施設とする」と定義しています。また、施設長は、地域住民からの子どもの養育に関する相談に応じたり、助言をおこなったりすることが期待されています。

厚生労働省の報告では、全国に58の児童自立支援施設があり、3,449人の定員に対して1,114人の子ども（小学生から高校生）が生活しています[19]。主な入所理由は、家庭状況や子どもの問題行動による養育困難です。また、入所している子どもたちの6割以上が虐待を受けた経験があります[20]。

[18]
p.78の注1を参照。

[19]
「令和4年社会福祉施設等調査の概況」参照。
[20]
「児童養護施設入所児童等調査の概要（平成30年2月1日現在）」参照。

102

❸児童自立支援施設の生活

　ある児童自立支援施設の一日（平日）を紹介しますので、日課から施設の取り組みを読み取ってみましょう。

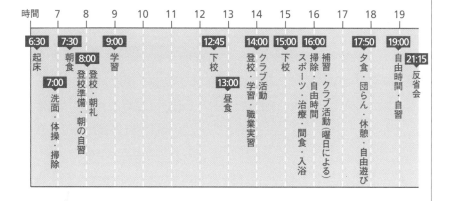

ここをチェックしよう！

　子どもたちの通学は、施設内に設置された学校（地域の学校の分校など）に通う場合と、地域の学校に通う場合とがあります。

　児童自立支援施設は、子どもの心身の健やかな成長と自立を支援することを目的としています。自立支援のためには、まず安定した生活環境を整え、それぞれの子どもの適性や能力、家庭の状況などを考慮した**自立支援計画**▶21を策定します。そのうえで、**子どもの主体性を尊重しながら生活指導・学習指導・職業指導などをおこない、家庭環境の調整をおこなっていきます**。職員は、生活支援や心理ケアなどによって施設の目的を達成できるように努めています。

　児童を直接支援・指導する職員▶22は、多くの場合生活寮などの単位ごとに配置され、子ども一人ひとりの担当者も決まっています。担当者を決めることで、自立支援計画や育成記録などが一貫して作成され、一人ひとりの理解にもとづいた支援が可能になります。

▶21
p.64の説明を参照。

▶22
児童自立支援専門員、児童生活支援員が直接的な支援・指導をおこなうほか、医師、個別対応職員、家庭支援専門相談員、栄養士、調理員、心理療法担当職員、職業指導員などが連携して施設運営にあたります。

❷ 児童自立支援施設の実習準備

　基本的な実習準備は第2章で学んできましたので、ここでは、児童自立支援施設としての特徴を確認しましょう。

　まず、児童自立支援施設について理解しましょう。各施設が、支援・指導する際の柱となる基本理念や基本姿勢を掲げています。実習先の施設の理念は、その施設のウェブサイトなどで必ず読んでおきましょう。ただ目で追って読むだけでなく、ぜひ学習の機会として活かしてください。

　たとえば、「子どもの生活の質を高める」「チームワークで子どもの生活を支援する姿勢」といった理念を掲げていたとしましょう。「生活の質が高い／低い」とは、どのような場面を思い浮かべますか。入所児童の年齢に幅がありますが、「小学生の生活の質」と「中学生の生活の質」で同じ点、異なる点などは何でしょうか。それによって、どのような支援体制が必要だと思いますか。このように、理念からも学習を深めることができます。

　また、入所している子どもの特性を知ることも大切です。小学生から高校生までの子どもたちが生活していますが、保護者からの愛情不足など内面的な問題を抱えていたり、虐待やいじめなどによって情緒的に安定していない子が多くいます。社会生活、人間関係、心身の健康において継続的に問題を引き起こすなど、社会規範などから逸脱する行動をとることもあります（**行動障害**）。原因や背景などはさまざまですが、このような行動障害によって子ども自身にも他人にも不利益を発生させるため、行動を望ましいものに変えていくことが、当事者・支援者をはじめ社会的な課題になっています。

　また、昼夜逆転の生活、不登校、深夜の徘徊などを繰り返したために、基本的な生活習慣が身につかず、発達に遅れが認められる場合もあります。**生活集団全体をとらえるときに、学力や体力、年齢にふさわしい経験などの個人差が大きい（性体験などを含む）ことを考慮しましょう。**

　実習先の施設の一員になる気持ちで準備をしてください。

❸ 児童自立支援施設の実習の実際

　実習初日は集合時間に遅れずに到着して、実習担当職員に挨拶をしましょう。実習担当職員の案内のもとで、職員全体への挨拶や担当クラスへの移動、初日当日や実習全体のスケジュールについて打ち合わせや再確認をおこないます。

　各施設によって異なりますが、実習の流れの一例をあげてみましょう。初日には、児童自立支援施設の機能と役割など、事業概要の説明があります。また、それぞれの**生活寮**（寮舎）でオリエンテーションがおこなわれます。児童自立支援施設の一日の流れや子どもたちの名前、生活の様子、児童自立支援専門員の仕事を見学しながら、その意味を理解していきます。午後は、実習指導担当職員と一緒に生活寮で指導にあたります。

　2日目には、職員全体の会議で挨拶の機会があるでしょう。午前中は、入所している子どもたちの学校教育について職員から講義があり、午後は生活寮で子どもたちの支援・指導にあたります。

　3日目以降は、生活寮における子どもへの支援・指導を基本にしながら、心理療法などの治療業務、職業指導などを要する高齢児処遇、学校との連携、給食業務、クラブ活動を見学する機会などが組まれています。

　最終日は、実習を振り返りながら、子どもや職員に感謝するなかで迎えられるようにしましょう。

真剣に宿題に取り組んでいると思ったのに…

H児童自立支援施設は、定員100人の施設です。広い敷地に林があり、そのなかに生活寮が点在しています。実習生Fさんが配属された男子寮では、小学生から高校生までの男子12人が生活しています。

実習3日目の夕食後、自室で勉強していた高校1年生のジュンくんが宿題のプリントを持ってきて、英語を教えてほしいと言います。すると、ほかの子どもたちも次々に集まってきました。実習生Fさんは、児童自立支援専門員から、学習指導が大切なので勉強を教えてあげるようにと言われています。あわてて「順番！順番ね！」と応じると、子どもたちは笑っています。それでも何とか順番に宿題を見て、Fさんは「子どもたちと気持ちが通じたかな」と思いました。

翌日、ジュンくんが登校せずに無断外出したことがわかりました。Fさんが教えてあげた宿題のプリントも、そのまま置いてあります。

事例から考えてみよう

事例の感想と、自分ならどう行動するか書いてみよう

事例を考えるためのアドバイス

ジュンくんの行動の背景に、実習生Fさんに対する関心を読み取りましょう。ジュンくんは実習生に対してだけでなく、普段からこのような「試し行動」をとっているとも考えられます。生活をともにしている職員がどのように対応しているか聞くことが大切です。

また、このような場合、宿題を教えてほしいと言ってこなかった子どもたちにも意識を向けましょう。

児童自立支援施設の実習日誌例（実習のまとめ）

実習のまとめ（反省・感想など）	実習生氏名	○○○　○○○

　今回の実習ではたくさんのことを学ばせていただき、ありがとうございました。実習受け入れのお知らせをいただいてから、貴施設のことや児童自立支援施設について学習していましたが、「12日間、しっかりできるだろうか」という不安が大きく、初日から数日はとても緊張していたように思います。

　実習後半になると、子どもたちの名前と顔も覚えることができたので、よりていねいに子どもの生活課題を観察することを心がけました。次第に、子ども同士の人間関係や、集団での役割などの様子が見えるようになってきたと思います。

> もうすこし 🙂
> 実習課題を確認しながらまとめると、より効果的な振り返りができますね

　実習5日目頃には、少しずつですが、子どもたちの気持ちになって考えることの大切さを理解できるようになりました。この5日目に、Ｄくんが1学年下のＮくんに、「おまえ、俺の歯ブラシ、使わなかったか？　えっ？」と詰め寄っているところを見かけました。私がＤくんに「どうしたの?」と声をかけると、「何でもねえよ!」と言って、行ってしまいました。Ｎくんに、「使ったの?」と聞くと、Ｎくんは「何でだよ」と怒った口調で言い返してきて、私はどうすればよかったのか、そのときはわからなかったのですが、実習担当の先生に相談すると「ＤくんとＮくんの気持ちになって、もう一度よく考えてみたら」と教えて下さいました。

　Ｄくんが突然Ｎくんに詰め寄ったのも、何か理由があったのかもしれない。Ｄくんは中学2年生にしては身体が大きく、私は声をかけるときにもまだ「怖いな」と思っていたので、Ｄくんはそれを感じて嫌な気持ちになったかもしれない。Ｎくんは、私に「使ったの?」とまるで使ったかのような聞き方をされて、どんな気持ちがしたのだろう。援助とは、相手の気持ちに寄り添うことから始まるのだと気づくことができました。

> すばらしい 😊
> 職員の助言を受けて出来事をていねいに振り返った結果、重要な学びを得ています

　また、Ｒくんの姿から、施設での集団生活や生活指導によって、子どものやる気や責任感、前向きな態度を促すことができると知りました。配膳当番の子どもたちが、調理場から食事を運ぶ時間になったとき、Ｒくんは年下のＡくんに「行こう」と声をかけて、二人並んで調理場の方向に出かけていくのを見ました。Ｒくんは万引きをして補導され、入所してきた当初は人とあまりかかわらず、すねたような態度を見せていたこと、皆で生活を送るうちに徐々に笑顔を見せるようになり、下級生からも信頼されるようになったことを聞きました。私が見たＲくんの姿は、職員の方々や一緒に過ごす仲間によって大きく変わってきた結果なのだと感じました。

> すばらしい 😊
> 子どもの実際の姿から、施設の目的・意義を理解できていますね

　一方で、職員の目を盗んで無断外出などをする子も少なくないとお話を聞いています。精神面や行動面でも、望ましい方向に促していくのは簡単なことではないと思いますが、職員の皆さんのように、常に全体を把握し、個々の子どもの行動や言葉遣いに気をつけながら、時にはていねいに話を聞く機会を設けて取り組んでいくことが大切なのではないかと思いました。実習はあっという間に終わってしまいましたが、さらに援助の在り方を深く学びたいと思いました。実習期間中、お忙しい中ていねいにご指導いただき本当にありがとうございました。

担当指導者の助言・感想
（各施設の実習担当の先生よりコメント）

　　　　　　　　　　　　担当指導者　　　　　㊞

児童自立支援施設の実習日誌

　児童自立支援施設の実習日誌例を、前のページに掲載しました。職員から聞いた話やアドバイスをもとに、実習を通して学んだことを、ていねいに振り返っています。第2章で取り上げた望ましい記録例、望ましくない記録例も振り返りながら、記入のポイントを見ていきましょう。

記入のポイント

Point 1

　子どもたちの生活場面の一つひとつをていねいにとらえましょう。基本的な生活習慣ができていない子どもにとっては、規則正しい生活を営むことも時として苦痛かもしれません。その点をふまえて出来事を振り返りましょう。

Point 2

　集団生活における人間関係に着目しましょう。子どもが一人のとき、集団のなかにいるとき、職員がいるとき・いないとき、実習生と二人のときなど、どのように過ごしているか簡潔に書きましょう。そこからも子どもの課題が見えてきます。

Point 3

　職員の動きや声かけなどに着目しましょう。進学や就職など、生活が大きく変わる進路選択を控えている子どもにどのようなかかわり方をしているでしょうか。また、子どもたちは職員の言動に敏感です。子どもと職員とのやりとりから学ぶことが多くあります。

> 日誌例の優れていると思う点、より工夫できる点をあげてみよう

児童自立支援施設の施設長より

　私が勤めるＳ学園では、児童と接するうえで、「共に生きる精神」を大切にしています。それは、この施設で生活する子どもたちの課題でもあります。

　実習生には、まず、支援の基本をつかんでいただきたいと思います。児童を尊重し、理解し、その思いやニーズをくみ取りながら、信頼関係をつくっていくことを目指しています。

　生活面では、第一に身体の健康（清潔、病気、事故など）について自己管理ができるように支援しています。そのうえで、主体性や自主性を尊重した日常生活ができるようにしていきます。行事の企画・運営などでも、児童が主体的にかかわり意見を反映させるように工夫しています。

　また、私たちが重視していることの一つに、性に関する教育があります。児童の年齢や発達段階に応じて、異性を尊重する思いやりの心が育つよう、性についての正しい知識を得る機会を設けています。また、さまざまな生活体験や多くの人との触れ合いを通じて、他者への心づかいや他者の立場を配慮する心が育まれるよう支援しています。児童の状況に応じて、権利と義務・責任の関係についても説明をおこないます。そのような方針のもと、児童間の暴力、いじめ、差別などが生じないような雰囲気の施設を目指しています。

　まだまだいろいろありますが、実習生には、どの児童にも公平にはたらきかけ、実習上の指導がない限りは、特定の児童のみにかかわることのないようにお願いしています。皆さんの実習が充実したものになるよう、期待しています。

　現場の声を大切に受けとめ、児童自立支援施設の実習に臨んでください。子どもたちの理解に努め、子どもたちの生活を尊重することが、実習の充実と、保育者としての資質を磨くことにつながります。

5 児童相談所の一時保護所での実習

① 一時保護所の概要

❶一時保護所の支援の対象者とは

社会には、さまざまな事情によって一時保護を要する子どもたちがいます。児童相談所では、その理由を大きく三つに分類しています。

一つは、家出、迷子、棄児などの**緊急保護**を要する場合です。虐待など家庭から引き離す必要がある場合、あるいは非行など、子どもの行動が自分自身や他人に危害を加えるおそれのある場合なども緊急保護が必要です。

二つめは、**行動観察**を目的とする保護です。その子にとって、適切かつ具体的な援助指針を定めるために、一時保護所の生活のなかで行動の特徴を観察して、生活指導などをおこないます。

三つめは、**短期入所指導**です。短期間の心理療法、カウンセリング、生活指導などが有効であると判断された場合において、子どもの性格や環境などの条件により、ほかの方法による援助が困難または不適当であると判断される場合などに一時保護をおこないます。

上記のような子どもを一時的に保護する主な場所として、**児童相談所の一時保護所**（以下、一時保護所と略）があります。

❷一時保護所を支える制度と現状

児童相談所は、児童福祉法にもとづき各都道府県に設置されている相談機関です。子どもに関するさまざまな相談の窓口であり、また、児童福祉施設の利用に関する助言・判断もおこなっています。子ども本人、家族、地域住民など、誰でも利用することができます。

児童福祉法第12条の4には、「児童相談所には、必要に応じ、児童

を一時保護する施設を設けなければならない」と定められています。こども家庭庁によれば、全国に232の児童相談所があり、そのうち152か所に一時保護所が設置されています▶23。

児童相談所は、子どもの一時保護を決定すると、その開始期日と場所を、文書によってすみやかに保護者に通知します。**この一時保護は、原則として、子どもや保護者の同意を得ておこなう必要があるということに留意しておきましょう。ただし、同意を得るまで子どもをそのままの状況に放置することが、子どもの福祉を害すると認められる場合には、同意を待たずに保護することもあります。** また、この一時保護の期間は2か月を超えてはならないとされています。

一時保護所の運営についての基本的な考え方は、「**一時保護ガイドライン**」に示されています。

まず、環境については、「代替養育の場という性格も有することから、家庭における養育環境と同様の養育環境あるいはできる限り良好な家庭的環境にあって、個別性が尊重されるべき」とされています。

そして、子どもの援助方針については、「その年齢も、また一時保護を要する背景も虐待や非行など様々であることから、一時保護に際しては、こうした一人一人の子どもの状況に応じた適切な支援を確保し、子どもにとっての一時保護の意味を十分考慮に入れた、子どもに安心感をもたらすような十分な共感的対応を基本とした、個別化された丁寧なケアが必要となる」としています。

一時保護所への入所理由の多くは虐待や非行問題などですが、近年増加しているのは、警察が保護・通告をおこない夜間・休日に関係なく保護される**身柄付通告**▶24の子どもです。一時保護の子どもの年齢は、入所時点では中学生が多く、入所期間は平均45日程度です。

また、一時保護を受けた子どもたちの退所先は家庭が半数程度で、そのほかは施設入所、ほかの機関への移送、里親委託などです。

▶23
「児童相談所一覧」（令和5年4月1日現在）参照。

▶24
一般的には、警察が子どもを保護したうえで、児童相談所に身柄付として通告することをいいます。

第4章 施設別の実習の内容

❸一時保護所の生活

ある一時保護所の一日（平日）の例を見てみましょう。

時間	7	8	9	10	11	12	13	14	15	16	17	18	19

7:15 起床・洗面

7:30 朝食・歯磨き

8:40 学習（国語）

9:50 運動（夏期は11:15に入浴）

11:45 昼食・歯磨き・昼休み

13:45 学習（英語・算数）

15:30 掃除・入浴・自由時間

17:45 夕食・歯磨き

19:00 黙想・日記・活動（レクリエーションなど）

21:30 就寝（小学生は20:30）

ここをチェックしよう！

　就寝前に、黙想をしたり日記をつけたりする時間が設けられていますね。緊急保護などで入所した子どもたちが、心身の安定を得られるように考慮されています。

子どもたちは、幼児（未就学児）と学齢児（小学生以上）に分かれ、日課に沿って生活しています。職員▶25 は、年齢や成長に応じた生活習慣が身につくように生活指導をおこないます。学齢児には、それぞれの学力に応じた学習指導をおこない、学習の習慣と意欲の向上が目指されています。なお、それぞれの子どもの一時保護の期間や必要性に応じて、医学診断や心理診断がおこなわれています。

　保育士の主な業務は、入所児童への生活指導や個別対応、行動観察や記録などです。一時保護所における援助の体制は、担当制を採用しています。また、**同性の職員による援助を基本**▶26 とし、男子の場合は男性職員、女子の場合は女性職員が担当しています。なお、援助にあたっては、子どもの背景に対する理解が重要視されるため、基本的には**インテーク面接**▶27 を実施した職員がその子どもの担当になります。

▶25
児童相談所の規模によって異なりますが、児童福祉司、相談員、精神科医、小児科医、児童心理司、心理療法担当職員、保健師、理学療法士、臨床検査技師、児童指導員、保育士、看護師、栄養士、調理員などが配置されています。

▶26
同性による援助が基本になっている理由について調べたり、話し合ったりしてみましょう。

▶27
援助過程の最初におこなわれます。児童相談所として相談事例を受け入れ、援助する必要があるかどうか判断する重要な面接です。

2 一時保護所の実習準備

　第2章で学んだ実習準備の基本を振り返りながら、児童相談所の目的や機能、そのなかでの一時保護所の目的と役割について事前に学習しておきましょう。実習先の施設の沿革や理念、自宅からの距離などを調べておくことは基本です。

　オリエンテーションでは、一時保護部門の職員の紹介、施設内の見学、施設の目的や機能、一日の生活の流れ、保育士としての仕事、実習の際の心がまえや注意点などについて案内されるでしょう。児童相談所ではさまざまな専門職員が連携していますが、そのなかの一時保護所ではどのような職員が援助にあたっているのか、事前に調べたうえでオリエンテーションでも理解しておきましょう。

　質問などを受けていただける機会でもあるので、そのことを十分にふまえて臨んでください。実習準備の段階から、一時保護所全体のはたらきや、そこで実習するということはどういうことなのか、理解に努めましょう。

3 一時保護所の実習の実際

　実習開始後は、まず、一時保護所の一日の流れや生活の場の様子、子どもたちの名前や状況、保育士や児童指導員の仕事の様子を、実際に見聞きしながら理解していきます。具体的な活動は、配膳などの手伝いをすることから始まり、3日目を過ぎる頃からチームメンバーの一員として部分的に業務を担当する機会を得られるでしょう。それぞれの子どもの保護された事情や背景などを聞く際には、守秘義務を常に意識してください▶28。個々の事情は、実習生が子どもを理解するために教えていただいているということを忘れないようにしましょう。それぞれの状況や発達段階に応じた養育・支援の方法など、専門職としての具体的な対応を学び、実習生自身も考え、理解を深めてください。

　実習の終盤には、子どもたちについての理解が深められたかどうか、

▶28
p.26の「3 プライバシーの厳守」を参照。

保育士やほかの専門職員の業務内容、連携の仕方について何を学んだのか、振り返りをおこないましょう。子どもたちや職員に感謝の気持ちを伝えることも忘れないようにしましょう。

状況を受け入れられない子に どうかかわったらいいの?

　T一時保護所は、児童相談所の2階にあります。児童定員は24人で、入所している子どもたちは、男子が14人、女子が5人です。入所児のほとんどが虐待を受けていたと考えられる状況にあります。

　実習生Rさんは、実習初日に男性保育士Yさんを紹介され、その指導を受けました。子どもたちに会ったのは午後の学習時間で、Yさんは子どもたちのことを教えてくれました。

　中学2年生のダイチくんは窃盗で補導され、身柄付通告で2日前に入所してきたそうです。「やだよ、こんなところに閉じ込めて。早く出せよ」と、どなっていました。ほかの子どもたちは、ダイチくんと距離を置いている様子が伝わってきます。保育士Yさんは、「焦らないで、これからの生活を一緒に考えてみよう」とダイチくんに声をかけていました。

　実習4日目の午後、実習生Rさんは、疲れた表情をしたダイチくんに会いました。診察や検査を受けたり、複数の専門職員と面接をしたようです。気持ちが高ぶり、いらいらしている様子もありました。夕方、「ちくしょう！　誰もわかってくれない」という声が居室から聞こえてきました。

事例から考えてみよう

> 事例の感想と、自分ならどう行動するか書いてみよう

事例を考えるためのアドバイス

　ダイチくんが、大きな声で「誰もわかってくれない」と言った気持

ちを考えてみましょう。一時保護中の行動観察や面接が、子どもたち
の将来にかかわり、援助方針の決定につながります。その決定を子ど
もの最善の利益にするためには、生活支援でどのような点に気をつけ
ればよいでしょうか。

一時保護所の実習日誌例（一日のまとめ）

一日のまとめ（反省・感想など）	実習生氏名	○○○　○○○

　実習も5日目に入り、子どもたちの生活の様子が徐々にわかってきました。本日は子どもが抱えている不安や生活の課題を観察しようと思いながら臨みました。

　起床時、職員の皆さんは各部屋を見て回り、誰が自発的に起床しているか、誰がまだ寝ているか、確認していました。入所して間もないAくんはまだ落ち着かず、昨夜もよく眠れなかったようで今になって眠っています。環境が変わって、子どもたちにはいろいろな反応が出るようですが、職員の方々は子どもたちのありのままを受けとめているように感じました。それは子どもたちの姿にどのように影響するのでしょうか。

　午後はプレイルームで風船バレーをしました。指導員のW先生がネットを立てて準備をするところから、私もお手伝いするなどして参加させていただきました。中学生の子たちは、初めはあまり気のない様子で参加していましたが、だんだん熱中して笑顔が出ていました。シンプルなルールで、けがもない風船バレーは、年齢差があってもそれぞれに楽しめるプログラムだと思います。子どもたちの笑顔から、身体を動かし気持ちを発散できたことが伝わってきて、嬉しくなりました。子どもたちにとって、レクリエーションなどで楽しめる時間をもつことがいかに大切か、実際の姿から学ぶことができました。

　子どもたちが抱えている問題や気持ちが、実習前半よりもわかってきたように感じます。明日も、子どもたちの気持ちに寄り添い、理解を深めていきたいと思います。

担当指導者の助言・感想
（各施設の実習担当の先生よりコメント）

担当指導者　　　　　　㊞

すばらしい　😊
当日の目標を、振り返りの際にも意識できていますね

もうすこし　🙂
職員のどのような言動から考察したのでしょうか。具体的に記述すると、より効果的な指導を受けられます

すばらしい　😊
子どもたちの変化について明確な言葉で記述できています

一時保護所の実習日誌

　一時保護所の実習日誌例を、前のページに掲載しました。子どもたちの気持ちや生活上の課題などをとらえて記述していますね。第2章で取り上げた望ましい記録例、望ましくない記録例も振り返りながら、記入のポイントを見ていきましょう。

記入のポイント

Point 1

　まず、一時保護所の役割をふまえて記述できるように意識しましょう。一時保護所は、短期間の生活のなかで、子どものありのままを観察し、理解し、子どもの最善の利益になるように本人の意向や関係者との調整をおこないます。日誌を書く際にも、そのような観点をもちましょう。

Point 2

　子どもたちの姿や言動を、一日の活動場面を振り返りながら具体的に書きましょう。また、各場面での子どもたちの気持ちを考えてみましょう。

Point 3

　職員の具体的な対応や声かけを簡潔に記述したうえで、そこから得られた気づきや考察、それに実習生としての疑問や質問も書けるとよいですね。

日誌例の優れていると思う点、より工夫できる点をあげてみよう

一時保護所の実習指導担当者（保護係長）より

　一時保護所は、子どもにとってはその後の人生に影響する大切な生活の場です。子どもにとってはつらい経験の一つかもしれませんが、できるだけ安心して生活できる場にして、子ども一人ひとりがありのままの自分に向き合う場にできたらと考えています。私たちが重視していることをいくつかあげてみます。

1　子どもたちがなぜ一時保護に至ったのか、それぞれ異なった理由をふまえて、子どもに合わせた対応・支援をしています。

2　保護に至る過程で子どもが経験したことから生ずる不安や不満を、子どもがどのように受けとめているかに着目して支援しています。

3　子どもたちにとって安全で衛生的な環境であること、健康な状態で過ごせることが大前提になるよう努めています。また、子どもの心身の発育の保障の一つとして、保護所での日課を工夫しています。

4　一時保護所の生活のなかで、心身ともに成長していくことにも工夫しています。信頼につながる関係の形成やプログラムの開発に努めています。

5　子どもたちが、その意向を素直に表現できるように配慮しています。

6　子どもを適切に支援していくための条件の一つは、職員のチームワークです。そのチームワークによって、子どもの変化や親の意向、関係者の意見などを大切にした支援が可能になります。子どもの最善の利益のためには、連携が重要です。

以上、一部ですが、私たちがいつも気にかけて、努力していることをお話ししました。実りある実習にしていきましょう。

　一時保護所の特徴や、職員が何を重視しているか、実習生に何が求められているか理解できましたか。子どもたちのありのままの姿を理解し、職員による支援の意義を理解し、そして、一時保護所の役割を実体験にもとづいて理解できるように努めてください。

障がい児を対象とする施設について学ぶ前に

次の節からは、障がい児を対象とする施設の実習について学びます。その前に、障がい児支援の強化を目的とした児童福祉法の改正について確認しておきましょう。

平成24年の改正では、障がいの種別などによって分かれていた障害児施設（入所・通園）が、障がいの種別にこだわらない施設区分へと変わりました。このことにともない、児童福祉法や関連通知などにおける施設の名称も変わっています。改正前は、施設の種類を見ればどのような障がいのある子どもを対象とした施設なのか明確だったのですが、現在はそうではありません。表2を参考に、どのような子どもたちが入所している施設なのか理解しておきましょう。

また、令和4年の改正では、児童発達支援センターの類型が一元化されています。

表1　障がい児を対象とする施設にかかわる児童福祉法

第42条　障害児入所施設は、次の各号に掲げる区分に応じ、障害児を入所させて、当該各号に定める支援を行うことを目的とする施設とする。 1　福祉型障害児入所施設 保護並びに日常生活における基本的な動作及び独立自活に必要な知識技能の習得のための支援 2　医療型障害児入所施設 保護、日常生活における基本的な動作及び独立自活に必要な知識技能の習得のための支援並びに治療
第43条　児童発達支援センターは、地域の障害児の健全な発達において中核的な役割を担う機関として、障害児を日々保護者の下から通わせて、高度の専門的な知識及び技術を必要とする児童発達支援を提供し、あわせて障害児の家族、指定障害児通所支援事業者その他の関係者に対し、相談、専門的な助言その他の必要な援助を行うことを目的とする施設とする。
第43条の2　児童心理治療施設は、家庭環境、学校における交友関係その他の環境上の理由により社会生活への適応が困難となつた児童を、短期間、入所させ、又は保護者の下から通わせて、社会生活に適応するために必要な心理に関する治療及び生活指導を主として行い、あわせて退所した者について相談その他の援助を行うことを目的とする施設とする。

表2　児童福祉法改正にともなう、施設区分の改編

児童福祉法（改正後）	現行法による施設区分	旧法による施設区分
第42条	障害児入所施設	
第42条1	福祉型障害児入所施設	知的障害児施設
		第2種自閉症児施設
		肢体不自由児療護施設
		盲児施設
		ろうあ児施設
第42条2	医療型障害児入所施設	肢体不自由児施設
		重症心身障害児施設
		第1種自閉症児施設
第43条	児童発達支援センター	知的障害児通園施設
		難聴幼児通園施設
		肢体不自由児通園施設
第43条の2	児童心理治療施設	情緒障害児短期治療施設

6 知的障がい児を対象とする施設での実習

▶29
ダウン症とは、「21番染色体が過剰に存在するために細胞のはたらきが十分でなく、その結果として身体の機能に未熟な面が起こる可能性が高くなる生まれつきの体質である」と定義されています（飯沼和三『ダウン症は病気じゃない』より）。

▶30
何らかの原因によって先天的に染色体の数や形が変わってしまうことを染色体異常といい、そのためにいろいろな症状を示します。

▶31
さまざまな原因で起こる慢性の脳疾患で、体がけいれんする発作（てんかん発作）を繰り返し起こすのが特徴です。

▶32
並行通園とは、障がいのある子が保育所や幼稚園などに通いながら、週に何日か専門の児童発達支援センターに通園することをいいます。

▶33
平成23年度までは、自閉症児の入所施設として「自閉症児施設」があり、医療を必要とする第1種

❶ 知的障がい児を対象とする施設の概要

❶知的障がいがある子とは

　知的障がいは、**ダウン症**▶29などの**染色体異常**▶30や**てんかん**▶31など、発達期に起こる疾患にともなって現れやすい、脳の中枢のさまざまな障がいです。知的発達が全般的に遅れ、社会生活への適応が困難な状態を示す場合がありますが、子どもの障がいの状態はさまざまです。知的発達の遅れも軽度から重度まで個々に異なり、基本的生活習慣（食事・排泄・着脱）の確立や言語発達、社会性の発達に遅れを示します。知的障がいをともなう自閉症の子どもも多く見られます。本章で知的障がい児に言及する場合には、基本的には肢体不自由をともなわないことが前提ですが、幼児期には運動機能の発達に遅れを示す子もいます。未就学児のなかには、幼稚園や保育所と並行して施設に通園している子もいます▶32。

❷知的障がい児を対象とする施設を支える制度と現状

　上記のような、知的障がいがある18歳未満の子どもの発達を支援する施設として、次の2種類があります。

①福祉型障害児入所施設（知的障がい）

　施設に入所して必要な指導や訓練、あるいは保護を受けることのできる施設です。

②児童発達支援センター（知的障がい）

　就学前の子どもが家から通園して、生活、学習および運動などの指導を受けることができます。知的障がいをともなう自閉症児を対象とする入所施設▶33もありますが、施設数が少なく、また通園型の施設

がないことから、多くの場合はこの①と②の施設で支援を受けています。

❸知的障がい児を対象とする施設の生活

入所施設、通園施設ともに、個々の子どもの特性に合わせて生活や遊びの経験、生活環境への気づきの機会を提供しつつ、生活体験の拡大と生活習慣の確立、社会性を育むことを目的とした療育▶34がおこなわれています。ここで、入所施設および通園施設の一日の生活の流れを見てみましょう。

通園施設

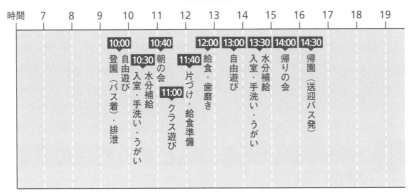

入所施設

ここをチェックしよう！
「自由遊び」の時間にどのような活動をしているか、想像できますか。主な遊びの内容は、皆さんが思い浮かべる、子どもにふさわしい遊び（工作や音楽、絵本の読み聞かせ、外遊びなど）と大きくは変わりません。後述しますが、風船遊びなどは豊富なバリエーションがあります。

の医療型と、第2種の福祉型の2種類がありました。平成24年度から、児童福祉法の一部改正により医療型障害児入所施設と福祉型障害児入所施設にそれぞれ統合されています。

▶34
療育とは、①障がいのある子どもへの専門的な発達支援、②親、家族への子育て支援、③家族がより子育てしやすくなるような、地域へのはたらきかけをねらいとするものです。

▶35
p.64の注1を参照。

クラスは、年齢ごとの横割り編成をおこなっている施設もあれば、障がいの特性や発達の状況に応じて編成している所もあります。支援にあたっては、一人ひとりに**個別支援計画**▶35を作成します。この計画にもとづき、小さな集団のなかで、保育士を中心に作業療法士・理学療法士・言語聴覚士・心理士・看護師・ケースワーカー・生活支援員などが連携して支援にあたります。

通園施設では、多くの場合、バスによる送迎がおこなわれています。療育時間は、午前10時から午後2時もしくは3時までが一般的です。入所施設は、18歳未満に限らず成人も入所しているところが多く、活動内容は学齢期とそれ以外で異なります。平日の日中は、就学前児童は保育活動に、学齢期の児童は学校で学習に、そして成人の利用者は療育的活動や作業などに、それぞれ取り組んでいます。朝晩と週末は集団生活のなかで、生活習慣の確立や社会性を高める支援が実践されています。

② 知的障がい児を対象とする施設の実習準備

さて、実習が間近に迫ってきました。どのような準備をしておくことが必要でしょうか。準備の基本は、第2章で学んだ通りです。

まず、実習施設が決まったら、どのような施設なのか調べましょう。施設の種類・歴史・理念・場所・定員数などを確認するのは基本です。**入所施設の場合は、18歳以上の利用者が多いかどうかによって活動の内容が異なってくることもありますので、施設について調べる際に確認しておくとよいでしょう。**

これから実習に臨む場所は知的障がい児を対象とする施設ですが、知的な発達に遅れがあるということは、どのようなことだと理解していますか。通常の発達について学んできたこと▶36を振り返りながら、考えてみましょう。

▶36
「保育の心理学」「子どもの保健」「保育内容 健康」などの授業で、発達について学びましたね。

また、あなたが行く実習施設には、どのような知的障がいの子どもたちがいるのでしょうか。担当するクラス、あるいはグループの子どもの様子を、オリエンテーションなどで事前に確認し、理解しておきましょう。そして得られた情報をもとに、知的障がいのある子どもと

のコミュニケーションではどのような配慮が必要か事前に考え、実習で実践してみましょう。

③ 知的障がい児を対象とする施設の実習の実際

　通園施設を例に、実習の流れを見てみましょう。朝は、園バスあるいは保護者の送迎による登園から始まります。園児が通園してくる前に、その日の活動の内容や流れを確認したうえで園児を迎えましょう。知的障がいのある子どものなかには、多動でじっとしていられない子もいれば、行動が緩慢で応答性の低い子もいます。特に幼児期は睡眠のリズムが整っていないケースも見られるので、**保育者は、連絡帳を通して家庭での様子を把握し、登園してきたときの様子もしっかり観察しておくことが大切です。**

　遊びの活動の場面では、障がいの特性上、集団で活動していても、よく観察してみると一人遊びをしている子どもがほとんどで、子ども同士のかかわり合う場面が少なくなりがちです。自閉症を示す子に実習生が一生懸命かかわろうとしても、最初のうちは、目が合わない、名前を呼んでも振り向かない、手をつないでくれないなど、どう接していいかわからない状況があるかもしれません。そのようなときは、保育者の接し方や声のかけ方をよく観察してみましょう。

　子どもたちとの遊びの一つとして、風船遊びを紹介しておきましょう。風船は手触りもやさしく、ふわふわとゆっくり動きます。**目で追いやすく、目と手が協応▶37する力を促すので、知的障がいや肢体不自由、重症心身障がいのある子どもたちにもぴったりの遊びです。**風船をつかったキャッチボールや、「風船タッピング」と呼ばれる遊び方などが喜ばれます。風船タッピングは、風船を子どもの手やお腹にポンポンとあてて遊びます。支援者が風船に口をあてて話すと、風船が震えて、子どもにはくすぐったい振動が伝わります。**「もう一回やっちゃおうかな」などと声かけをして、子どもの期待感を高めながら遊びましょう。**

▶37
複数の器官や機能が、互いに連動しながらはたらくこと。

事例　おもちゃ、投げないでね

　実習生Yさんは、知的障がいがある子どもを対象とする通園施設で実習しています。この施設は40人の定員で6クラスに分かれており、各クラスごとに2人から3人の保育士が療育を担当しています。

　Yさんが配属された星組には、もうすぐ4歳になるダウン症のノボルくんがいました。ノボルくんは小柄で動きにぎこちなさがあり、言葉の発達は2歳程度と診断されています。Yさんは、担当保育士から「今日はノボルくんについてあげてください」と言われました。ノボルくんはおもちゃ遊びが好きだと聞いたので、Yさんは昼食後の自由遊びの時間に、おもちゃ箱を持ってきて一緒に遊ぶことにしました。

　ノボルくんはおもちゃ箱を見ると、楽しそうにおもちゃを手にしては投げ捨て、次のおもちゃを手にとってはまた投げ始めました。投げたおもちゃがほかの子どもにぶつかりそうになり、Yさんは急いで「ノボルくん、おもちゃ投げたらお友だちに当たって危ないから投げないでね」と注意しましたが、言うことを聞いてくれません。

事例から考えてみよう

事例の感想と、自分ならどう行動するか書いてみよう

事例を考えるためのアドバイス

　ノボルくんにとって、どのようなおもちゃを選べば集中して遊ぶことができるか考えてみましょう。おもちゃが目の前にたくさんあるといろいろな物に目がいき、集中して遊びにくくなります。また、ノボルくんがおもちゃを投げてはいけないことを理解するには、どのよう

な声かけが効果的か考えてみましょう。知的な発達に遅れのあるノボルくんには、短くわかりやすい言葉で、顔を見てはっきり伝えることが大切です。

児童発達支援センター（知的障がい）の実習日誌例（一日の流れ）

時間	施設利用者の活動と状況	職員の動き・援助	実習生のかかわりと気づき・考察
	○○年○月○日　曜日　　　天候　○○　（第5日目） 実習のねらい：遊びの場面で積極的に子どもとかかわる。		
9:00 9:50 10:00	・バスから下車し、保育室に移動 ・順次登園 ・荷物を棚に入れる ・排泄 ・玩具で自由に遊ぶ	・園児を迎える準備をする ・バスまで迎えに行く ・子どもと保育室に行く ・荷物の整理・排泄をするよう声かけする ・子どもと一緒に遊ぶ	・園庭の清掃をする ・園バスのお迎えに行く ・Bくんと保育室に行く ・Aくんの排泄を援助する ・子どもと一緒に遊ぶ ・後方に座り、見守る
10:30	・朝の会 　手遊び、挨拶、呼名、体操	・朝の会をする	
10:45	・園庭で運動遊び ・室内に戻り手洗い、うがい、排泄	・園庭に出て、遊びながら園児の動きを注意して見守る ・室内に戻るよう声かけし、手洗い、うがい、排泄を促す	・砂場で一緒に遊ぶ ・手洗い、うがい、排泄の援助をする
11:30 11:50	・給食の準備 ・給食 ・片づけ、歯みがき	・配膳をする ・給食が食べられるよう、声かけや援助をする ・一緒に食べる ・歯みがき、片づけを促す ・下膳をする	・待つ子どもたちを見守る ・子どもと一緒に食べる ・下膳を手伝う
12:30	・自由遊び ・遊具で遊ぶ ・午睡の子は、午睡室で寝る	・遊戯室に行こうと声かけし、一緒に遊ぶ（A先生） ・午睡室で午睡を促す（B先生）	・子どもと一緒に遊具で遊ぶ ・遊びの援助をする ・遊具を片づける
13:00	・感触遊び ・ボールプール、スライムで遊ぶ ・片づけ、排泄	・ボールプール、スライムを準備する ・声かけし、スライムで遊ぶ	・ボールプールで一緒に遊ぶ ・遊具を片づける
13:30	・帰りの会 ・手遊び、挨拶 ・バスに向かう	・終わりの声かけをし、排泄を援助する ・帰りの会をする ・バスに子どもを誘導する	・一緒に手遊び、挨拶をする ・バスに子どもを誘導する
14:00	・帰園	・子どもを見送る	・子どもを見送る

もうすこし :)
個々の状況にあわせて、どのように手遊びや呼名などがあったのか書きましょう

もうすこし :)
どのように見守ったのか、何に気をつけていたのか書きましょう

すばらしい (:)
このように記述しておくと、役割分担も振り返ることができますね

第4章

施設別の実習の内容

知的障がい児を対象とする施設の実習日誌

　児童発達支援センター（知的障がい）での実習日誌例を、前のページに掲載しました。この例は、実習生の記録によく見られるタイプのもので、簡潔にわかりやすく書かれています。一部をより具体的に書くとさらに効果的な記録になるでしょう。それでは、記入のポイントを見ていきましょう。

記入のポイント

Point 1

　施設では、複数の保育者や専門職員が一緒に活動しています。職員の動きを記録するときには、誰がおこなったことなのかわかるように記録しておくとよいでしょう。

Point 2

　知的障がいがある子どもは発達段階も異なるため、遊び方もさまざまです。特定の子どもの援助についているときも、目の前の子どもだけでなくほかの子についての気づきも記録できるとよいでしょう。また、「一日のまとめ」でもていねいに振り返ります。

Point 3

　知的な発達に遅れのある子どもたちは、排泄、食事、遊びの場面などで保育者の声かけに対する反応が小さく、また、集団行動をとりにくいこともあります。職員がどのようにして個別の取り組みをしているか、ていねいに観察して、ポイントになる点を見逃さずに記録しましょう。

日誌例の優れていると思う点、より工夫できる点をあげてみよう

第一陽光園（福祉型児童発達支援センター）▶38の園長より

▶38
執筆当時の施設類型。

　第一陽光園は福祉型児童発達支援センターで、定員が50人の通園施設です。おおむね3歳から就学前の、発達に遅れがある子どもが週5日間単独で通園し、療育を受けています。日々の療育を通じ、基本的生活習慣や社会性などを身につけます。

　実習を始めるにあたって、次のことを意識してみてください。

1　子どもの名前をおぼえて、積極的にかかわりましょう。子どもは積極的に遊んでくれる人が大好きです。笑顔を忘れずに、穏やかな声かけに努めましょう。

2　子どもの姿は個々に違います。個々にあった援助の方法を学びましょう。

3　一日の療育の流れと計画をつかんで実習に臨みましょう。疑問に思ったことなどは、積極的に質問してください。

　生活リズムや生活習慣の確立、環境への適応力などは、知的障がいがある子どもたちにとって、将来自立して生活していくために重要です。施設では、一人ひとりの子どもに対し、どのように生活習慣の確立や社会生活上のルールの理解を促し、社会に適応した生活のための支援に取り組んでいるのか、しっかり学んできてください。

7 視覚障がい児・聴覚障がい児を対象とする施設での実習

① 視覚障がい児・聴覚障がい児を対象とする施設の概要

❶視覚障がい・聴覚障がいがある子とは

　視覚障がいとは、視力、視野、色覚、光覚、眼球運動などのはたらきに何らかの障がいが生じ、見え方に困難が生じている状態を指します。また、聴覚障がいとは、聴覚器官や聴覚中枢系のどこかに病変があるために、音が聞こえにくいという困難が生じている状態を指します。いずれも、障がいが生じている機能を補う代替機能やスキルを獲得するために、幼児期から特別な支援を要します。

　また近年では、視覚障がいや聴覚障がいと、肢体不自由や知的障がいが重複している人も多くなってきました。

❷視覚障がい児・聴覚障がい児を対象とする施設を支える制度と現状

　児童福祉法改正前の平成23年度までは、視覚障がいおよび聴覚障がいの子どもを対象とする施設をそれぞれ「盲児施設」と「ろうあ児施設」と称していました。p.118でも確認したように、現在これらの施設は「福祉型障害児入所施設」として位置づけられています。

　対象児は施設に入所して、保護、日常生活の指導、独立自活に必要な知識技能の付与などを受けています。施設数は減少傾向にあり、厚生労働省の調査▶39によれば、平成23年時点で視覚障がい児の施設は全国に9か所、聴覚障がい児の施設は全国に10か所となっています。

▶39
「平成23年社会福祉施設等調査」参照。

❸視覚障がい児・聴覚障がい児を対象とする施設の生活

では、聴覚障がい児の入所施設の一日の流れを見てみましょう。

乳幼児〜小学生

時間	活動
6:00	起床・着替え・洗面
7:00	朝食・歯みがき・排泄
8:30	自由遊び・登園・登校（小学校）
9:30	施設内保育・幼稚園・学校
11:40	乳児は施設内にて昼食
13:30	幼児帰園・乳幼児午睡
15:00	小学生下校・全員おやつ
15:30	遊び・学習
17:30	夕食・片づけ・歯磨き
19:00	入浴・自由遊び・学習
20:30	就寝

中学生〜高校生

時間	活動
6:00	起床・着替え・洗面
7:00	朝食
8:00	登校（中学校・高校）
12:40	昼食
16:00	下校
17:30	夕食
18:30	夕食片づけ・歯磨き
19:00	入浴・自由時間
20:30	学習・自由時間
22:00	就寝

ここをチェックしよう！

　生活の流れは、年齢や、施設外の学校への通園・通学先の状況によって異なりますので、上記では、乳幼児から小学生と、中学生から高校生別で示しました。施設によっても異なりますが、大まかな生活の流れをとらえておきましょう。

　視覚や聴覚に障がいのある子どもたちに対して、保育者や専門の児童指導員たちは家庭的な雰囲気のなかで生活をともにしながら、生活リズムや生活習慣の確立、言葉の理解、人間関係の形成など、年齢に応じた全人的な発達を促します。また、個々の障がい特性に応じた専門的な支援を通して、将来自立して生活できる力を育成していきます。

　聴覚障がい児を対象とする施設では、補聴器の使用や**手話・読話・口話・指文字**▶40など、個々のコミュニケーション手段に応じられる

▶40
手話とは、手と腕の動きや形、位置に意味をもたせ、身振り手振りで会話すること。読話とは、相手の口の動きを見て話の内容を理解すること。口話とは、口で話すこと。指文字とは、指をいろいろな形に組み合わせて文字を表すこと。

環境のもと、特別支援学校などと連携しながら進学や就職のキャリア形成につながる援助をしています。

　視覚障がい児を対象とする施設では、**点字**▶41や特別な教材を活用した教育の援助や、社会生活を送るうえでの**歩行指導**▶42なども、教育機関と連携しておこないます。保育士は児童指導員とともに連携しながら、子どもの心に寄り添い、個々のニーズに応じた援助を実践します。

　入所児の多くは特別支援学校に通学していますので、保育士は学校への送迎や学校とのやりとり、医療機関にかかっている子どもへの通院介助などもおこないます。また、3歳未満の乳幼児の施設内での保育は、保育士が中心となって保育の計画を作成し、援助にあたります。季節折々の年間行事も、保育士が児童指導員と連携しながら計画し実施しています。

2 視覚障がい児・聴覚障がい児を対象とする施設の実習準備

　基本的な準備の仕方は、ほかの施設とも共通しています。第2章を振り返りながら準備を進めましょう。**ただし、前述したようにこれらの施設は全国にも数えるほどしかないため、事前学習をしたくても情報が少ないかもしれません。したがって、オリエンテーションの機会がより重要になります。**

　事前学習の方法について、いくつかポイントを示しておきましょう。まず、視覚障がいと聴覚障がいについて、皆さんが「障害児保育」の授業や関連書籍で学んできた基本的事項を復習しておいてください。また、目が見えない、耳が聞こえないとはどういうことか、自らに置き換えて想像してみましょう。

　施設では、障がいに応じてどのような環境整備がなされていると思いますか。まず自分で考えたうえで、オリエンテーションで施設見学をさせていただき、確認しておきましょう。

　個々に状況の異なる子どもたちとコミュニケーションをとるために、実習生として心がけたいことは何ですか。コミュニケーションのとり方についてわからないことは、オリエンテーションで事前に確認し、

▶41
突起させた数個の点を組み合わせてできる記号文字です。視覚障がいのある人が指先で触れて読むことができます。

▶42
視覚障がいのある人が白杖（はくじょう）を使用して街を歩いたり、公共交通機関などを利用して外出できるように支援すること。

準備をしておきましょう。

③ 視覚障がい児・聴覚障がい児を対象とする施設の実習の実際

　実習の開始時間によっては、子どもたちのほとんどが登園・登校してしまったあとかもしれません。幼児がいる場合は、特別支援学校の幼稚部まで保育士が送っていくこともありますが、施設内保育がおこなわれている場合もあります。

　職員に挨拶し、説明を受けたあとは、施設内の清掃や洗濯などの時間です。任されたことは、基本的な手順などを教わりながらていねいにおこないましょう。施設によって実習生の担当する仕事はさまざまですが、施設は家庭に代わる生活の場ですので、どのような仕事でも自分の考えでおこなうのではなく、その施設での方法を確認しながら進めていきましょう。

　午後になると、幼稚園児、小学生の順に子どもたちが帰ってきます。聴覚障がいや視覚障がいがある子どもたちに初めて会う実習生もいるでしょう。自己紹介は、事前に考えておいた方法でおこないます▶43。たとえば、聴覚障がいの施設では、大きく読みやすい字で自己紹介文を示した**自己紹介カードや手話**▶44でおこなうのもよいでしょう。**過度の不安や緊張は子どもたちも敏感に察し、そのあとのコミュニケーションや人間関係づくりが難しくなります。実習生が家庭に受け入れてもらうためには、笑顔と優しい雰囲気が大切です。**

　入所施設は24時間の生活の場であるため、実習にも、早番と遅番が割り当てられることがあります。また、週末に実習が入る場合もあり、それによって活動の内容も異なってきます。普段見られない時間帯の生活や、子どもたちの様子を知ることができる貴重な体験です。翌日の流れや子どもたちとのかかわり方などを確認し、適切に動けるように備えましょう。

▶43
自己紹介の方法はオリエンテーションで必ず相談しておきましょう。
▶44
p.129の注40を参照。

事例 カナちゃん、何て言ってるの?

　実習生Eさんは、聴覚障がい児の入所施設で実習をしています。この施設には、4歳から18歳までの30人の聴覚障がいのある子どもが生活しています。Eさんは、幼児から小学校低学年の子どもたち8人の生活グループの担当になりました。このグループは、保育士2人、児童指導員1人が交替で支援にあたっています。

　実習2日目の朝、学齢期の子どもたちが学校へでかけたあと、Eさんは「今日は4歳のカナちゃんについてあげてください」とグループ担当の保育士に言われました。カナちゃんは補聴器をつけていますが、ほとんど音は聞こえていないそうです。何か言っているようなのですが、Eさんには意味のある言葉に聞こえません。カナちゃんはEさんのひざに乗ってきたり、抱きついてきたりするのですが、Eさんはどのようにかかわったらよいのか戸惑ってしまいました。

事例から考えてみよう

> 事例の感想と、自分ならどう行動するか書いてみよう

事例を考えるためのアドバイス

　乳幼児期は言葉以前の土台づくりが大切で、応答性のあるやりとりをたくさん経験したい時期です。一対一でできる遊びを工夫しましょう。たとえば、「いないいないばあ」「いっぽんばしコチョコチョ」、ボール遊び、おどけた表情ができる「にらめっこ」などは、対面でできる楽しい遊びですね。子どもとの関係づくりを促すのはもちろん、コミュニケーションにつながる力を育てるうえでもおすすめです。

　また、カナちゃんに限りませんが、**音が聞こえにくい場合は目が大切な情報の窓になります。常に表情豊かに、口をしっかり開けて声を**

福祉型障害児入所施設（視覚障がい）の実習日誌例（実習のまとめ）

実習のまとめ	実習生氏名	○○○　○○○

　今回の実習が決まるまで、視覚障がいがある方と接したことがなかったので、目が見えない子どもたちが、施設でどのように生活や活動をしているのか全く想像がつきませんでした。

　実習が始まると、まず、施設の中に特別な工夫がされていることに驚きました。廊下や階段には身長に合わせて二重の手すりがつけてあり、幼児・学童期の子たちが、低い手すりにそって歩く練習をしているところも見せていただきました。通常は、1歳半を過ぎれば自然に立って歩けるようになるけれど、目が見えないと立って歩くのにも練習が必要であるということを初めて知りました。

　また、位置や方向、「これは○○」といったことが手で触ればわかるように、建物のいたるところにマークや点字表示がありました。マークは洋服にもつけてあって、後ろ前や裏表、左右がわかりやすいようになっていました。また乳幼児が日中を過ごす保育室は、家具などにぶつかったりしてケガなどしないように、保育所の乳児クラスの部屋と同じかそれ以上に配慮されていることがわかりました。いろいろな工夫や配慮によって、日常生活が安全に気持ちよく送れるように工夫されていることを知りました。

すばらしい 😊
施設特有の環境が、具体的かつわかりやすく記録できています

　実習では、主に乳幼児期の子どもたちの日中保育を担当させていただきました。障がいのない子どもの発達と比べると、体の使い方や生活習慣の確立に少し遅れがあるように感じました。実習初日の保育では、4歳のBちゃんを担当するように言われたので、「Bちゃん、おはよう。実習生の○○先生と言います。一緒に遊ぼうね」と声をかけたけれど、全く反応してくれなかったので、手をとろうとしたら拒否されてしまいました。その後もどうかかわったらいいのかわからなくなり、ただ見ているだけしかできませんでした。実習担当の先生から、目から情報が入らない分、経験や学習の機会が不足するため、それを補う声かけや手を使った確認を促すことが大切であること、でも突然触れるとびっくりするので、必ず「握手していいですか」「一緒に手で触ってみましょう」など、声をかけて確認をしてからおこなうように教えていただきました。教えていただいて改めて見てみると、保育士の皆さんは、「今、先生オモチャ持ってくるからね」「スプーンを握りましょう」「エプロンを首にかけますよ」など、一つひとつの動作ごとに常に説明したり、話しかけたりしながら保育をしていました。このとき、障害児保育の授業でアイマスクをしてキャンパスを介助者と歩く体験をしたこと、介助者がいても、とても怖かったことを思い出しました。それからは相手の気持ちになって、わかりやすい声かけと介助を心がけたところ、4日目にBちゃんが膝に座ってくれたときは、本当に嬉しかったです。

すばらしい 😊
保育士の言動から学び取ろうとしている姿勢が表れています

　日中、学校に行っている中高生の皆さんとは一緒になる機会が少なかったのですが、2度遅番を経験させていただいたとき、目の不自由さを感じないくらい施設内を自由に移動している姿に驚きました。部屋も、無駄なものがなくきちんと整頓されていましたが、普通の部屋とほとんど変わらない印象でした。普段生活する場所の位置関係は全て理解しているということや、物の位置を決めておくと生活しやすいということなどを実習担当の先生に伺いました。中高生になる頃にはここまで成長できるということを目の前で見て、専門的な支援の大切さを改めて実感しました。

　今回の実習を通して、子ども一人ひとりの発達状況や、気持ちに寄り添い、将来の自立を目指して、よりよい環境と援助を実践されている職員の皆さんの姿から、たくさんのことを学ばせていただきました。私も一人ひとりの子どもを大切に、専門的な支援ができる保育士になれるよう、実習での経験を活かしたいと思います。12日間、ありがとうございました。

すばらしい 😊
子どもたちの実際の姿から、日々積み重ねている支援の重要性を読み取ることができています

第4章

施設別の実習の内容

はっきり出しながら、**身振り手振りも交えてコミュニケーションをとりましょう。**一対一のときは向かい合って、集団のなかでは子どもたち全員が見やすい場所に立って話をしましょう。

視覚障がい児を対象とする施設の実習日誌

　視覚障がい児を対象とする施設の日誌例をあげました。実習を終えたあとに、全実習を振り返る「実習のまとめ」です。第2章の「望ましい日誌例」「望ましくない日誌例」も参照しながら、記入のポイントを確認していきましょう。

記入のポイント

Point 1

　視覚障がいがある子どもたちが生活するうえで、どのような環境整備がなされていたか、その整備はどのような意図があってなされているのか、改めて振り返ってみるのも大切です。

Point 2

　視覚障がいがある乳幼児へのかかわりは、視覚障がいがない場合と比べ、実際に特別な配慮が必要となります。保育者はどのようにかかわっていたか、観察学習から学んだことをふまえ、実習生が取り組んだことを振り返りましょう。

Point 3

　施設では、乳幼児から高校生までともに生活をしています。子どもたちが育っていく姿を知る貴重な機会です。施設の役割に照らし合わせながら、子どもたちの成長について気づいたことをまとめましょう。

日誌例の優れていると思う点、より工夫できる点をあげてみよう

施設に入所する理由は、さまざまです。視覚障がい児および聴覚障がい児の入所施設数は全国で10前後と少なく、地域によっては、視覚障害課程や聴覚障害課程のある特別支援学校が自宅から通える範囲にない場合があります。特別な支援や教育を受けるため、幼児期から親やきょうだいと離れた生活をしている子もいます。このような子どもたちは、夏休みなど長期休暇に帰省する家がありますが、養育上の理由で入所している場合など、帰省先の家がない子もいます。施設では、子どもたちの心にこまやかに寄り添い、季節ならではのイベントや行事を企画して、生活が豊かなものになるように取り組んでいます。

　目が見えない、見えにくい、あるいは音が聞こえない、聞こえにくいとはどのようなことなのか。そして、そのような状況にあったとしたら、将来成人し、社会で自立して生活していくために、幼児期から学齢期に子どもたちはどのような力を身につけたいのか。実習前にしっかりと考え、そのうえで、実際に実習で施設の取り組みを観察し、積極的に実践してきてください。

**触ったり踏んだりすると音が出る玩具
視覚障がいのある子も楽しく遊べます**

8 肢体不自由児を対象とする施設での実習

1 肢体不自由児を対象とする施設の概要

❶肢体不自由がある子とは

肢体不自由の原因はさまざまですが、その定義としては、手足や体幹の機能に不自由なところがあり、**永続的な運動障がいがある状態**をいいます。また、**脳性まひ**▶45があるケースが多く見られます。肢体不自由の状態は、車いすや補助具で自力移動が可能な子もいれば、首が座らず、寝たきりの子までさまざまです。生まれたときから運動機能の発達に障がいがある子どもの場合、自ら環境にはたらきかけることが難しいため、生活経験が不足しかねません。早い段階から医療と療育の両面から、適切な支援をおこなうことが大切です。

❷肢体不自由児を対象とする施設を支える制度と現状

肢体不自由のある子どもの治療と、将来、自立するために必要となる知識や技術の習得を目的に専門的な支援をおこなう児童福祉施設として、下記①から③があげられます。

①医療型障害児入所施設（肢体不自由児）

この施設は病院機能を有しており、対象となる子どもに必要な医学的治療や機能回復訓練および生活指導などをおこなう入所施設です。また、重度の肢体不自由児を入所させる重度病棟、通園部門、母子入園部門などを併設する施設もあります。入所対象児は、18歳未満ですが、18歳以上の利用者も入所しています。

②児童発達支援センター（肢体不自由児）

未就学児を対象とした専門的な医学的治療、機能訓練および生活指導などを受けることができます。①の入所型とは異なり、保育所や幼

▶45
「脳性まひとは、受胎から新生児（生後4週間以内）までの間に生じた脳の非進行性病変にもとづく、永続的なしかし変化しうる運動および姿勢の異常である。その病変は満2歳までに発現する。進行性疾患や一過性の運動障害、または正常化されるであろうと思われる運動発達遅延は除外する」（厚生省研究班の定義、1968年／江草安彦監修『重症心身障害療育マニュアル 第2版』より）

稚園のように自宅から通いながら支援を受けます。子どもたちのなか
には、並行通園といって、当施設に通園しながら週何日か定期的に保
育所や幼稚園に通う子もいます。

③福祉型障害児入所施設（肢体不自由児）

　福祉型の入所施設（旧法における肢体不自由児療護施設）は、肢体不
自由の程度が①の医療型入所施設が対象とする子どもと異なり、入院
する必要はないものの、自宅で養育を続けるのが困難な場合に入所で
きる施設です。この施設では、子どもに必要な治療と機能訓練、学習
指導などがおこなわれます。入所者の多くは年齢が18歳以上です。

　以上の3種類の施設が、肢体不自由児を対象とする施設です。なお、
児童福祉法上の定義はp.118で確認したとおりです。

❸肢体不自由児を対象とする施設の生活

　続いて、肢体不自由児を対象とする医療型障害児入所施設と、児童
発達支援センターにおける生活を知っておきましょう。発達支援セン
ター、つまり通園施設の方を例にあげると、**療育**▶46 は、発達段階に
即した小集団でおこないます。**療育の内容は遊びを中心とする活動と
生活指導からなり、主に保育士が中心となって展開します。** また週1
回程度、個別で40分程度おこなう**リハビリテーション**▶47 の時間が
あります。リハビリテーションは常に保護者が付き添っておこないま
す。それ以外にも、保護者が療育に参加する日を設けているところが
多くみられます。

　入所施設でも、学齢期の児童生徒以外は、日中療育活動をおこなっ
ています。前掲の①から③のいずれの施設においても、医療分野のケ
アが欠かせないため、保育士は、医師やリハビリテーションの専門職、
看護師（保健師）、福祉職などと連携しながら、一人ひとりの子ども
の健やかな発達を促す療育を実践しています。

　それでは、続いて一日の生活の流れを見てみましょう。

▶46
p.121の注34を参照。

▶47
リハビリテーションとは、
身体機能の回復を促し、
一人ひとりの人生に合っ
た生活能力を獲得し、豊
かな人生を送ることがで
きるようにすること。主
な種類として、粗大運動
（大きな動き）を高める
理学療法、微細運動（こ
まやかな動き）を高める
作業療法、言語の機能を
促す言語療法があります。

第4章　施設別の実習の内容

通園施設

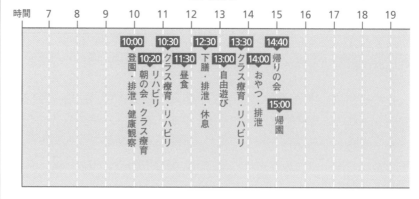

時間 | 7 | 8 | 9 | 10 | 11 | 12 | 13 | 14 | 15 | 16 | 17 | 18 | 19

- 10:00 登園・排泄・健康観察
- 10:20 朝の会・クラス療育
- 10:30 クラス療育・リハビリ
- 11:30 昼食
- 12:30 下膳・排泄・休息
- 13:00 自由遊び
- 13:30 クラス療育・リハビリ
- 14:00 おやつ・排泄
- 14:40 帰りの会
- 15:00 帰園

入所施設

時間 | 7 | 8 | 9 | 10 | 11 | 12 | 13 | 14 | 15 | 16 | 17 | 18 | 19

- 6:15 起床・健康観察
- 7:00 着替え・洗面／朝食・歯磨き・排泄
- 8:00 朝食片づけ・歯磨き・通学
- 9:00 授業（児童）・療育活動／リハビリ
- 11:30 昼食・歯磨き・排泄
- 13:00 授業・療育活動／リハビリ（入浴）
- 16:00 下校・リハビリ・入浴
- 17:30 夕食
- 18:30 下膳・排泄・余暇・学習
- 21:00 就寝準備・就寝

ここをチェックしよう！

　活動の中心に療育やリハビリテーションがありますね。実践にあたっては、それぞれの子どもの発達ニーズによって個別支援計画が作成されています。したがって、通園であれば通園日数やリハビリテーションの内容などは指導計画の内容によって個々に異なります。

皆で食べる給食はおいしいね

飲み込む機能・筋力などに
応じた食事

主な流れは図示したとおりですが、日常的な活動のほか、定期的に整形外科や脳神経科などの専門医療の検診が入ったり、保育所などと同様に、さまざまな年中行事が開催されています。とりわけ通園施設では、**子どもの障がいを受けとめ前向きに子育てに取り組もうとしている保護者への支援も、保育者の大きな役割となります。**

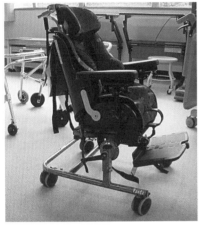

各自に合った室内用の
いすを使います

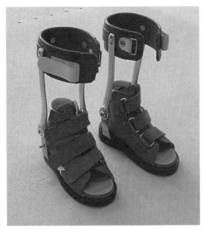

立位や歩行練習用の補装具

❷ 肢体不自由児を対象とする施設の実習準備

　おそらく学生の皆さんは、実習を前に「肢体不自由児の施設って病院みたいなところかな」などと想像しているかもしれません。また、「体が不自由な子とどう接していいかわからない」あるいは「体が動かない子と何をして遊べるの?」と、子どもたちの様子がわからず不安を感じている人も少なくないでしょう。

　そのような場合は、実習前に施設を訪問しておこなわれるオリエンテーションの前に「○○が不安なので、あらかじめ□□についてうかがいたいです」などと聞きたいことを整理して、具体的に質問できるようにしましょう。

　また、訪問前に「障害児保育」の授業で学んだことを振り返ったり、実習先の施設についてもホームページなどで事前に調べて理解しておくことも大切です。なお、肢体不自由のうち最も多い障がいは脳性まひですが、ほかにはどのような障がいがあるのか調べておきましょう。

そのほか、肢体不自由のある子どもたちが楽しめる遊びを考えておいたり、リハビリテーションとは何か、種類や職種についても調べておくとよいですね。事前学習を十分におこなったうえで、オリエンテーションで質問・確認しておきたいことをリストアップしておくとよいでしょう。

③ 肢体不自由児を対象とする施設の実習の実際

　さて、今日から実習です。担当するクラス、あるいは病棟、グループにはどのような利用者がいるのか、自分の目で確認しましょう。実習担当の先生に挨拶をして、常に指示を理解してから行動しましょう。子どもたちの前で自己紹介をする際は、相手から見えやすい位置に立ち、全体を見渡しながら表情豊かに、言葉一つひとつをていねいにはっきりと発声します。**ただし大きな声が苦手な子がいる場合もあるので、必要以上に大きな声を出すのは控えましょう。**

　実習1日目から3日目は、施設の一日の流れや子どもの様子、保育士や看護師、リハビリテーションの専門職などの仕事の様子を観察し、理解しましょう。なかには障がいが重く、健康面で配慮を要する子もいますが、「○○ちゃんについてください」「○○ちゃんと遊んであげて」といった指示や、かかわってよいと許可があった子どもについては、積極的にかかわってください。介助の仕方や好きな遊びがわからない場合は、指示があった時点で確認をすることが大切です。

　入所施設では、学齢期の子どもたちは学校に通学しているため、日中は18歳以上の入所者との療育活動が中心となります。実習3日目頃から、食事や排泄、入浴などで安全におこなえる仕事をする機会を得られることもあります。初めての経験で戸惑うこともあるかもしれませんが、不安を感じながら入所者の方々とかかわることがないよう、質問は適時おこないましょう。

事例 どんなレクリエーションなら楽しめるだろう？

　　実習生Lさんは、肢体不自由児を対象とする医療型障害児入所施設で来月から実習をおこないます。実習にあたってのオリエンテーションで、実習担当職員から、実習10日目の午前中の療育活動時間（60分）にレクリエーションをおこなうよう説明がありました。Lさんが担当する病棟には、18歳から35歳の女性10人が入所していて、保育士3人、支援員2人および看護師1人が中心となって支援にあたっています。

　　Lさんはこれまで一度も肢体不自由のある人とかかわった経験がなく、どのような活動をしてよいのか考えこんでしまいました。

事例から考えてみよう

事例の感想と、自分ならどう行動するか書いてみよう

事例を考えるためのアドバイス

①基本として、全員が無理なく、楽しく参加できる活動を選びましょう。そのためには、入所者がどのような障がいの状態にあるのか、おおよその状況を確認しましょう。

②全員が同じ手順や方法でおこなうことにこだわらず、個々のもっている力（機能）を活用して参加できる活動を考えましょう。

③触覚、視覚、聴覚、バランス感覚などにはたらきかける活動やゲーム性のあるものなどが有効です。

④児童ではなく成人している利用者を対象に読み聞かせや音楽、手遊びなどをおこなう場合は、利用者の年齢を尊重した選択を心がけましょう。

⑤一人ですべておこなおうとせず、職員の方々にも楽しい雰囲気づく

りを協力していただくことも大切です。

　実習が始まるまでに2、3種類のレクリエーション案を用意して、実習の前半に実際の生活の流れや入所者の状況を確認しながら活動案を絞り込んでいき、教材や遊具などの必要なものを準備していきます。

車いすでパラシュート遊び

プールでムーブメント

肢体不自由児を対象とする施設の実習日誌例（一日のまとめ）

記述例を読んで、優れていると思う箇所、改善すべきだと思う箇所に下線を引いてみましょう。

望ましい記述例

一日のまとめ（反省・感想など）	実習生氏名	○○○　○○○

　午前中の療育活動の時間、近くの公園まで散策に行った際に、Aさんの移動の介助を担当させていただきました。

　Aさんの介助は今日が初めてでしたし、外で車いすを押した経験もなかったので、職員のBさんに基本的な操作の仕方を教えていただきました。実習に来て、車いすにもいろいろなタイプがあり、それぞれに合った車いすがオーダーメイドで作られていることを初めて知りました。

　Aさんの車いすを介助していて気づいたことは、後ろから押しているとAさんの表情が見えず、様子がわかりにくいということです。職員Bさんを見てみると、段差があるときや道を曲がるときなど、利用者さんにその都度「曲がりますね」などと声をかけて、やりとりをしていました。そのようなこまやかな声かけや利用者さんとのやりとりが相手の気持ちに寄り添った介助として大切であることを学びました。私も自然にそのような声かけや会話のやりとりができるよう、明日からの実習で心がけていきたいと思います。

——————————省略——————————

望ましくない記述例

一日のまとめ（反省・感想など）	実習生氏名	○○○　○○○

　今日は初めて入浴の手伝いをしました。Aさんの手伝いをするよう言われたけれど、Aさんは立てないし、手もうまく使えないので、どうやって洋服を脱がせたらいいかわかりませんでした。なんとか脱がせることができたけど、お風呂に入り終わってから、タオルで拭いて服を着せるときは、もっと苦労しました。週に入浴は3回しかないと聞いてかわいそうに思いましたが、これだけ大変なのでこれ以上は無理なのだとわかりました。職員さんは本当にすごいと思いました。

——————————省略——————————

肢体不自由児を対象とする施設の実習日誌

　さて、ここでは実習日誌の記述を2例あげてみました。どのような記述が望ましいのか、あるいは望ましくないのか考えてみましょう。第2章での学びも振り返って考えてみましょう。

記入のポイント

Point 1

　手足が不自由な子どもたちの食事や衣服の着脱、排泄などについて保育者がどのような援助をおこなっているか、ていねいに観察し記録します。

Point 2

　肢体不自由のある子どもは、障がいの状態によって、自ら動いて物をとることや友だちとのやりとりが難しい場合がありますが、よく観察すると、やろうとしている姿を読み取ることができます。表出の少ない子どもたちに対してもていねいにかかわり、記録しましょう。

Point 3

　活動内容だけを記録するのではなく、子どもとのかかわりのなかから肢体不自由がある子どもの発達について気づいたこと、学んだことなどを振り返り、ていねいに、かつ簡潔に書きます。

Point 4

　障がいの状態はさまざまなので、つい障がいの特性にとらわれがちになりますが、一人ひとりの子どもの姿に目を向けて様子を振り返りましょう。できないことに注目するのではなく、できていることに目を向け、疑問に感じたことがあったら忘れないように記しておいて、翌日改めて質問してもよいでしょう。

Point 5

　通園施設では、保護者がかかわる場面が多く見られます。機会があったら、保護者に対する保育者のかかわり方もしっかり観察し、振り返ってみましょう。

第二陽光園（医療型児童発達支援センター）▶48の園長より

▶48
執筆当時の施設類型。

　本園は医療型児童発達支援センターで、定員40名の通所施設です。対象園児は、おおむね2歳から就学前の運動の発達に遅れがある子どもたちです。日々の療育を通し、子どもの健康と運動面をはじめとする全体的な発達を育むことを目的に、保護者と連携をとりながら、親子療育、集団療育、日常生活の援助をおこなっています。また、リハビリテーションのスタッフと協力して専門的な発達の支援をおこなうとともに、ムーブメント療法▶49や保育園との交流など多彩な活動をおこなっています。

▶49
ムーブメント療法とは、発達段階に合わせた楽しい運動遊びを通して発達を支援する方法です。

　実習とは、実習体験を通して見たり、聞いたり、子どもに触れたり、かかわり合いながら、講義で学んだ事柄を実際に理解し、正しい認識を深める場です。子どもの月齢差、個人差の違いを知って、それぞれの子どもに合ったかかわり方を学ぶ場でもあります。実習生の表情や言動が子どもたちに環境として影響を与えます。子どもたちの目の輝きと笑顔は、実習生自身の笑顔と輝きとなることでしょう。そして実習生は、常に健康管理に留意して、挨拶や日常的なマナーを守って実習に臨みましょう。新しい出会いと体験が実習生自身の夢の実現への第一歩となりますように。

　体に不自由があっても、子どものもつ「動きたい」「遊びたい」「学びたい」といった意欲や興味・関心は同じです。現場では、保育士が中心となって看護師やリハビリテーションの専門職、福祉職と連携しながらそのような子どもの気持ちを大切に、安全面に配慮しながら発達を促すさまざまな工夫をしています。専門性の高い支援をしっかりと観察し実践してきてください。

第
4
章

施設別の実習の内容

9

重症心身障がい児を対象とする施設での実習

1 重症心身障がい児を対象とする施設の概要

❶重症心身障がいがある子とは

　重症心身障がいとは、**重度の知的障がいおよび重度の肢体不自由が重複している状態**のことをいいます。その名称が示すとおり、重症心身障がい児の障がいは大変重く寝たきりの状態で、言葉や身振りによるコミュニケーションはもとより、気持ちを顔の表情で表すのも難しかったりします。また、痰の吸引や呼吸管理、投薬などの医療的ケア▶50など、濃厚な医療と介護を必要とするケースもあります。ウイルスなどへの抵抗力が弱く、風邪をきっかけに気管支炎や肺炎になり、入退院を繰り返すなど、健康上さまざまな課題を抱えた子どもが少なくありません。

❷重症心身障がい児を対象とする施設を支える制度と現状

　上記に示すような子どもの療育を専門におこなう施設として、入所施設と、自宅から通う通園施設があります。p.118でも確認したとおり、当該施設は、平成24年度から施設区分が変わりました。児童福祉法にもとづく施設であるとともに、医療法にもとづく病院としての機能も兼ね備えた医療型障害児入所施設に位置づけられています。厚生労働省の調査▶51によれば、平成23年時点で、重症心身障がい児を対象とする入所施設は全国に133か所あります。

　入所対象児は、重症心身障がいの程度を表すものとして作成された「**大島分類**」▶52の1から4の区分に該当するものを「重症心身障害児」と定義し、その区分に相当する子どもとされています。

▶50
医療的ケアとは、急性期における治療行為としての「医行為」とは異なり、経管栄養・吸引・摘便などの日常生活に不可欠な生活援助行為であり、長期にわたり継続的に必要とされるケアです。

▶51
「平成23年社会福祉施設等調査」参照。

▶52
大島分類とは、大島一良が昭和46年に発表した重症心身障害児の区分です。分類表の1から4までを重症心身障害児と定義し、1から4に当てはまる重症心身障害児を重症心身障害児施設（旧法による）の入所対象としました（大島一良、昭和46年）。

❸重症心身障がい児を対象とする施設の生活

　施設では、多くの専門職[>53]が協力し、日々の生活のなかで医療や各種のリハビリテーションサービス、生活指導・援助など、さまざまな活動や療育を提供しています。施設によって療育内容はさまざまですが、見たり、触ったり、聴いたりなど五感にはたらきかける感覚活動や**ムーブメント活動**[>54]、**音楽療法**[>55]などが取り入れられています。また、天気の良い日には散策に出かけたり、遠足や夏祭りといった四季折々の行事なども一年を通しておこなわれています。**これらの療育活動を通して、それぞれがもっている潜在的な力を引き出し、機能の維持や向上を図り、社会の一員としてよりQOL（Quality of Life）**[>56]**の高い社会活動がおこなえるよう支援をしていきます。**

　また、このような施設の多くは、在宅の重症心身障がい児（者）の支援もおこなっています。通常の診療外来および機能訓練をはじめ、緊急一時入所などショートステイの受け入れ、歯科治療、デイケアセンターでのサービスなど、さまざまな支援がなされています。

　施設での一日の流れを通園型と入所型別で見ると、おおむね、次のページに示す図のようになります。

昼食後、みんなでゆっくり休息タイム

[>53]
医師、看護師、児童指導員、保育士、作業療法士、理学療法士、言語聴覚士、心理療法担当職員、ケースワーカー、生活支援員など。

[>54]
p.145の注49を参照。

[>55]
「音楽のもつ生理的、心理的、社会的働きを用いて、心身の障害の回復、機能の維持改善、生活の質の向上、行動の変容などに向けて、音楽を意図的、計画的に使用すること」（日本音楽療法学会の定義）

[>56]
QOLとは、Quality of Lifeの略であり、生命の質・生活の質・人生の質のことを指します。

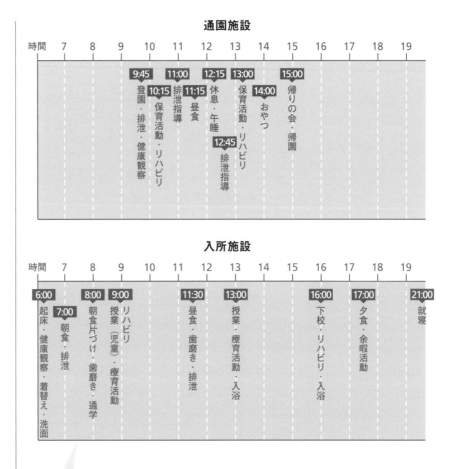

通園施設

時間	9:45	10:15	11:00	11:15	12:15	12:45	13:00	14:00	15:00
	登園・排泄・健康観察	保育活動・リハビリ	排泄指導	昼食	休息・午睡	排泄指導	保育活動・リハビリ	おやつ	帰りの会・帰園

入所施設

時間	6:00	7:00	8:00	9:00	11:30	13:00	16:00	17:00	21:00
	起床・健康観察・着替え・洗面	朝食・排泄	朝食片づけ・歯磨き・通学	リハビリ　授業（児童）・療育活動	昼食・歯磨き・排泄	授業・療育活動・入浴	下校・リハビリ・入浴	夕食・余暇活動	就寝

ここをチェックしよう！

重症心身障がい児を対象とする施設は、18歳以上の成人も引き続き入所が可能なため、入所者の数は、児童より成人の方が近年多くなってきました。そのため、一日の流れは通園施設と入所施設で異なりますし、入所施設でも学齢期と成人では通学の有無で内容が異なります。

2 重症心身障がい児を対象とする施設の実習準備

　学生の皆さんのほとんどは、重症心身障がいがある人と接した経験がないことでしょう。そのため実習が近づいてくると、漠然とした不安を感じたり、自分のなかに障がいに対する偏見があるのではないかと戸惑いを感じ、筆者のところへ相談に来るケースも少なくありません。出会ったことがなければ不安を感じるのは当たり前です。しかし、

実習生が不安を抱いていると、それが相手にも伝わり、相互のかかわりが発展していきません。「知らないから不安」であるなら、事前学習を通して知る努力をしましょう。できる限り不安を取り除いておくことが必要です。

　事前学習のために、皆さんにいくつか質問をするので、調べたり考えたりしてみてください。

　まず、言葉によるコミュニケーションが困難な子とあなたはどのようにコミュニケーションをとりますか。考えたり、話し合ったりしてみましょう。

　重症心身障がいのある人が必要とする医療的ケアには、どのようなケアがありますか。調べてみましょう。

　自ら体を動かせず、寝たきりで言葉でのコミュニケーションが困難な人は、日常生活の場面でどのようなかかわりをしてほしいと思っているでしょうか。その人の立場を想像して、かかわり方を事前に考えておきましょう。

❸ 重症心身障がい児を対象とする施設の実習の実際

❶日常生活や遊びの場面では

　重症心身障がいのある子は、生活のほぼすべてにおいて全介助を必要とします。体が弱く、誤嚥▶57や骨折の可能性が高い子どもたちは特に介助に配慮を要するため、実習生が直接体に接してかかわれる機会は少ないかもしれません。そのようななかでも、「一緒に遊んであげてください」「抱っこして絵本を読んであげてください」など、直接かかわる機会をいただけたら、介助の仕方を確認したうえで「○○さん、抱っこしますね」、あるいは「一緒に絵本を読みましょうね」など、声をかけながら優しく体に触れ、抱き上げたり、絵本を読んだりしましょう。

　遊びの場面では、子どもたちの反応はとても小さいかもしれません。なかには、問いかけてもほとんど表情に変化が見られない場合もありますが、聴覚が弱ければ、目でとらえやすいように絵本や玩具を提示したり、子どもの手をとって一緒に玩具に触ったり握ったりするとよ

▶57
本来は食道を通って胃に運ばれる食物や水分などが、誤って気管内に入ること。

ボールがたくさん転がってきたよ！
見たり触ったりして遊ぼう

いでしょう。排泄や食事介助、遊び方など、実習前半で保育士の子ど
もへの声かけの仕方や、介助の仕方などをよく観察しておくことが大
切です。

　実際におこなわれている遊びには、たとえば色とりどりのカラーボ
ールを使った遊びがあります。ビニールプールのような大きな囲いの
中にカラーボールを入れると、子どもたちがもぐって遊んだり、ボー
ルをすくいあげたり、手にとって投げたりして遊びます。**全身を使っ
た運動やこまやかな手先の運動が促され、また、全身がボールに包ま
れることでリラックス効果もあります。**自閉症の子どもたちも大好き
な遊びです。

❷衛生面で気をつけること

　**前述したとおり、重症心身障がいがある人は健康上さまざまな課題
を抱えているだけでなく、乳幼児期は基礎体力や免疫力が未熟な状態
にあります。実習中は、手洗いやうがいは指示どおりしっかりおこな
い、消毒液が設置されている場所では手の消毒も徹底してください。**
咳や熱、腹痛、下痢などの症状がある場合は、実習担当職員および大
学の実習担当の教員に申し出て実習を休み、回復してから実習を再開
します。

❸保育士の役割の観察

　重症心身障がい児を対象とする施設での保育士の役割は、**個別支援
計画**▶58を作成し、それにもとづき、療育のなかでも日常生活の支援
を含めた子どもの心身の発育・発達を支援することです。さらに、療

▶58
p.64の注1を参照。

育をより安全かつ円滑におこなううえで、医療チームの一員として医師や看護師、リハビリテーションの専門職などと相互に情報交換をおこない、連携しながら支援にあたる必要があります。実習生は、保育士とともに活動しながら、子どもたちとかかわる場面以外の保育士の動きや役割もしっかりと観察し理解しましょう。

事例 ユリさんの気持ちがわからない…

　実習生Sさんは、重症心身障がいがある子を対象とした医療型障害児入所施設に実習に来ています。最初に配属されたのは、18歳以上の成人女性のグループです。8人の女性を、主に保育士2人、介護士1人および看護師1人で担当しています。

　実習生Sさんは、実習2日目から30歳のユリさんの担当になりました。実習指導担当の先生によると、ユリさんは言葉によるコミュニケーションがとれませんが、問いかけには表情で答えてくれるそうです。しかし、食事などの活動場面で問いかけても、表情は変わりますが何を言いたいのかわかりません。Sさんは「ユリさんの意思を読み取らなくては」と焦り、声かけもぎこちなくなってしまいました。

事例から考えてみよう

事例の感想と、自分ならどう行動するか書いてみよう

事例を考えるためのアドバイス

　実習生が、初日だけでユリさんの表情を読み取ろうとするのは難しいでしょう。言葉や動作がなくても、口元、目元を中心とした表情や、うなずきの仕草など、何かしらのサインを示しています。　<u>1日目、2日目と問いかけに対するユリさんの反応を観察しながら、徐々にユリさんの示すサインの意味を理解することができるようになります。</u>

　実習は短い期間ですが、あせらず、じっくりとユリさんの発するサインを感じ取る努力をしていきましょう。ユリさんの答えを受けとめることができたとき、お互いに心がつながった喜びを実感し、コミュニケーションの意義を学ぶことができるでしょう。

コラム

待ちに待ったタケルくんの笑顔

　6歳のタケルくんには、重度の脳性まひがあります。3歳のときから、重症心身障がいのある子を対象とする児童発達支援センターに通園しています。まだ首は座っておらず、体にも強い緊張が見られます。入園当初から泣いたり笑ったりすることがなく、ほとんど表情が変わらないため、どの程度目が見えているのか、また耳が聞こえているのか判断が難しい状態でした。

　支援センターの保育士は、タケルくんの笑顔が見たいという一心で、感覚にはたらきかける遊びをたくさん工夫しながら毎日療育を続けました。しかし、なかなかタケルくんの表情に変化が見られません。療育を始めて3年たったある日、保育士がいつものように風船を膨らませてタケルくんに両手で触らせたあと、「お顔に風をヒューしようかな」と声かけし、風船内の空気をタケルくんの顔に吹きつけました。すると、一瞬目をつぶったタケルくん。次に口元がゆるみ、ニコッとしたように見えました。「もう1回ヒューしちゃおうかな」と再び顔に風を当てると、今度ははっきりと、ニコッと微笑みました。

　この日を境に、タケルくんはいろいろな場面で笑顔を見せてくれるようになりました。外から目に見えるかたちで確認できなくても、タケルくんはたくさんの刺激を受けて、ゆっくりと着実に発達していたのでしょう。このように、重症心身障がいのある子どもたちは、一つの変化が現れるのに長い時間がかかります。焦らず、発達を信じて一歩一歩支援をしていきたいものですね。

医療型障害児入所施設（重症心身障がい）の日誌例（一日のまとめ）

一日のまとめ（反省・感想など）	実習生氏名	○○○　○○○

　実習4日目の今日、初めての夜勤実習をさせていただきました。12時の昼食の介助から夜の就寝までを経験し、夕食の時間の様子や夕食後の自由時間の過ごし方、就寝時の様子など、夜勤実習でしか見られない時間帯の利用者の方々の様子を見ることができ、施設の一日がどのような流れなのか初めて知ることができました。

　今日は昼食後の活動時間に、初めてスヌーズレンを体験しました。Eさんとウォーターベッドに寝転がり、天井に映し出される光を見ていたとき、「Eさん、見て見て、光が星みたい」と上を指さして声かけすると、Eさんが初めて笑ってくれました。その後も、「きれいだねー」などとたびたび声かけすると、私の目をじっと見て、ニコッと笑ってくれてそのたびにとても嬉しくなりました。

　言葉がないと、利用者の方の思いに気づくことが難しいと思っていました。しかし、今日の体験で、言葉が出なくても笑顔で返事を返すことができたり、笑顔を返すことで気持ちを伝えることができるのだとわかりました。利用者の方の笑顔が見られると、私も嬉しくなります。きっと利用者の方も私の笑顔を見ると、嬉しくなって、また笑顔を返してくれるのだと思います。これからも笑顔で接することを意識したいと思います。

　以前、「笑顔はコミュニケーションの始まり」だと指導担当の先生に聞き、今日、私はその意味を実感しました。

担当指導者の助言・感想
（各施設の実習担当の先生よりコメント） 担当指導者　　　　　　　印

すばらしい 😊
夜勤の機会をいただいた意味、指導者の意図を理解できていますね

すばらしい 😊
Eさんとのやりとりをていねいに振り返ったうえで、自分自身の学びを記述できています

第4章　施設別の実習の内容

▶59

スヌーズレンとは、部屋の中に、視覚・聴覚・触覚・嗅覚を心地よく刺激する機材がレイアウトしてあり、楽しめたり、落ち着けるような工夫がなされているものをいいます（社団法人日本知的障害者福祉連盟『重症心身障害医学　最近の進歩』より）。

重症心身障がい児を対象とする施設の実習日誌

　医療型障害児入所施設（重症心身障がい）の実習日誌例を掲載しました。遅番実習、スヌーズレン▶59、笑顔でコミュニケーションがとれたことなど、初めて経験したことに対し、率直な感想や感動、学んだことなどがわかりやすく示されています。また指導の先生から聞いたことを改めて振り返り、学びにつながったことなどがていねいにまとめられています。

記入のポイント

Point 1

　子どもたちとのかかわりをはじめ、実習を通して驚いたことや嬉しかったことなど、感動や感激したことを示すことはよいことです。なぜそのように感じたのか、そのときの様子や背景を記すことで、実習後の振り返りで自らの成長の確認につながります。

Point 2

　子どもたちとのコミュニケーションは、実習の大事な課題となります。実際にどのような言葉や動作でのやりとりをおこなったのか、日誌に具体的に示しながら振り返ることで、翌日以降の新たな取り組みの工夫につながります。

Point 3

　食事の場面では、朝食、昼食、夕食で子どもたちの様子が異なります。自由時間も、時間帯によって様子が異なります。その違いと背景をしっかり観察し、振り返っておくとよいでしょう。

日誌例の優れていると思う点、より工夫できる点をあげてみよう

相模原療育園（医療型障害児入所施設）の児童指導員より

1　実習に来る前に学んでおいてもらいたいこと

　重症心身障がい児・者は重度の肢体不自由と知的障がいを重複しており、一人では身の回りのことや移動などができません。また障がいによるさまざまな疾病を抱えているため、医療・看護の面からのサポートも必要になってきます。そのため重症児・者には福祉・保育の面だけでなく、医療・看護も含む統合した支援が必要で、これを療育といいます。重症心身障がい児・者の施設で実習するにあたり、前述した利用者の特徴、施設の特徴について学習をしておくとよいでしょう。また、さまざまな職種とのチームアプローチで療育を展開していくなかで保育士の役割は何か考えてみてください。今もっている自分の力を存分に発揮できる実習になることを期待しています。

2　実習を通してぜひ学んでもらいたいこと

　重症心身障がい児・者の施設実習で学ぶことが数多くあるなかで、特に大切なのは「かかわりあうこと（関係性）」です。重症児・者を理解するには、彼らの存在そのものへの理解が不可欠です。その理解を深めるには言語的なコミュニケーションだけでは成り立ちません。声かけ、かかわり、ふれあうことで存在を受容していきましょう。また彼らの感じる力は研ぎ澄まされています。そのため支援者の感じる力（感性）も努力も必要です。ふれあいを通し感じる力を高めることで、相手の些細な変化に気づいたり、感じたりすることができるようになります。お互いの存在を尊重しあえる、感じあえる、ともに生きていくことを実感できる関係性を築いてください。（高橋徹）

　重症心身障がい児の施設で実習をおこなう前と後では、実習生の皆さんは見違えるほど成長しています。私たち「人」は、支援を受ける人、支援を提供する人という枠を超え、そこに深い人間関係が築かれ、「共生」すなわち支えあい、ともに生活しているということを体感してきていただきたいと願っています。

10 児童心理治療施設での実習

1 児童心理治療施設の概要

❶児童心理治療施設が支援の対象とする子とは

　児童心理治療施設では、心理的問題を抱え、日常生活の多岐にわたって支障をきたしている子どもたちを対象に治療・支援をおこなっています。子どもたちの状態はさまざまですが、たとえば、家庭では言語表現を問題なくできていても学校など人前では難しい、明確な理由はないが強い不安を抱えている、こだわりによってほかのことが考えられない、保護者からの虐待などの心的後遺症（トラウマ）に繰り返し悩まされるなどといった例があげられます。

❷児童心理治療施設を支える制度と現状

　児童心理治療施設は、上記のような状態にある子に対して、「短期間、入所させ、又は保護者の下から通わせて、社会生活に適応するために必要な心理に関する治療及び生活指導を主として行い、あわせて退所した者について相談その他の援助を行うことを目的とする施設」です（児童福祉法第43条の2）。

　厚生労働省の資料▶60によれば、児童心理治療施設は全国に51か所あり、児童定員総数は2,071人、入所児童数は1,398人です。入所理由は、子どもに行動上の問題があったり、生活環境が不安定だったりするために家庭での養育が困難になっているというものです。

▶60
「令和4年社会福祉施設等調査の概況」参照。

❸児童心理治療施設の生活

ある児童心理治療施設の一日（平日）を紹介しましょう。

時間	7	8	9	10	11	12	13	14	15	16	17	18	19

- **7:00** 起床・洗面
- **7:30** 朝食・歯磨き
- **9:30** 登校
- **12:00** 午前の学習終了
- **12:15** 昼食
- **13:00** 午後の学習開始
- **15:30** 下校
- **16:00** おやつ・自由時間
- **17:30** 入浴
- **18:00** 夕食・夕方の薬服用
- 自由時間
- **21:00** 小学生就寝
- **22:00** 就寝 中学生以上

ここをチェックしよう！

ここで例にあげた施設では、子どもたちは施設内に設置された地域の学校の分校に通っています。また、「薬服用」の項目から、症状や行動によって服薬治療が必要な場合があることに気がつきましたか。

治療は、心理的困難を抱えている子どもたちに、安定した情緒のもとで生活できる場を提供することから始まります。ここでの養育の基本は、まず治療的観点からおこなうこと、人とのかかわりをもとにした営みであること、子どもとともに成長しようとする大人の存在があることなどです。子どもたちが生活している姿から、施設職員による治療的・受容的な環境づくりを読み取りましょう。

子どもたちは複数人の生活単位で過ごしており、保育士や児童指導員を中心に支援・指導する体制です▶61。子ども一人ひとりに担当者がいて、**自立支援計画**▶62や育成記録の作成などに中心的に携わる体制をとっています。

▶61
医師、心理療法担当職員、児童指導員、保育士、看護師、個別対応職員、家庭支援専門相談員、栄養士、調理員、事務職員などが連携しています。
▶62
p.64の説明を参照。

2 児童心理治療施設の実習準備

　児童心理治療施設での実習に臨むうえで特に留意しておきたいことに着目し、実習前に学んでおきましょう。基本的な準備は、第2章を振り返っておいてください。ここでは、児童心理治療施設の実習準備のポイントをあげていきます。

①治療という考え方

　ここでの「治療」とは、皆さんが思い浮かべるイメージと異なるかもしれません。「総合環境療法」という考えが確立されつつあり、子どもたちに配慮した環境が総合的に整えられています。

②治療の基盤

　上記に示したような治療の観点から配慮された日々の生活や、それぞれのニーズに沿ったかかわり、教育機関との綿密な連携が重視され、子ども一人ひとりに合わせた特別な教育支援がおこなわれています。

③子どもへの理解と接し方

　たとえば、特別な配慮のある生活環境でも、眠れない子、強い不安がある子、些細なことでもパニックになる子、虐待を受けたことによる後遺症などの症状がある子、自分の思いや感じたことを言葉にできない子、人とのかかわりから学ぶ能力が育っていない子、社会的ルールがなかなか理解できないために周囲に受け入れられずイライラしてしまう子など、さまざまな子どもたちがいます。なかには、発達障がいの子どもや、薬を服用している子どももいます。一人ひとりに向き合い、かかわりのなかから理解、共感、受容する援助者が求められています。

　実習生自身で学習したうえで、オリエンテーションなどで資料をいただけるか聞いてみましょう。偏った先入観ではなく、情緒が不安定なために社会生活に困難を抱えている状況を理解して子どもたちを受けとめ、子どもの主体性が発揮できるように、お互いに通じ合える関

係ができるようなイメージをもって実習に臨みましょう。

③ 児童心理治療施設の実習の実際

　実習初日は集合時間より早めに到着して、まず実習担当職員に挨拶をします。そこからは、実習担当職員の案内のもとで、職員全体への挨拶や実習をおこなうクラスへの移動、初日の活動や実習全体のスケジュールを打ち合わせます。

　はじめは、子どもの生活の流れや、看護師による治療業務、給食やクラブ活動、さまざまな職員のはたらき、学校とどう連携しているか、といったことなどを全体的にとらえられるようにしましょう。生活集団の一員として受け入れていただくような気持ちをもってください。

　子どもが日常生活を送る**生活寮**（生活ユニット）では、まず作業の補助から取り組むことが多いようです。次第に子どもたちとともに行動し、一人ひとりの子どもを理解できるようになります。生活をともにしながら、養育・支援の基本、食生活、衣生活、睡眠環境など、発達段階に応じた支援、健康と安全、家庭との関係などについて具体的な対応を考え、学ぶことになります。どの施設にも共通することですが、わからないことは必ず教えてもらうようにしましょう。施設によって事情が異なります。子どもの治療、健やかな育ちを守るためにあなたが最優先することは「聴くこと」です。

　実習終盤は、初日からの流れを振り返りながら、子どもたちや職員に感謝するなかで迎えられるとよいですね。

私はどのように受けとめられているのだろう

R児童心理治療施設は、定員50人の施設です。実習生Dさんは、男子寮に配属されました。小学生から高校生までの男子10人が生活しています。

実習初日の夕食前、児童指導員Nさんが実習生Dさんを子どもたちに紹介してくれました。Dさんが「よろしくお願いします」と言って自己紹介をしている間、Dさんを見ながらうなずいている子、ずっと下を向いている子、食事を始めている子、うつむいてにやにや笑っている子など、反応はさまざまでした。指導員Nさんが大きな声で、「皆でDさんに挨拶しましょう。どうぞよろしくお願いします」と言うと、小学生らしい何人かが、あとに続けて小声で挨拶をしました。

事例から考えてみよう

事例の感想と、自分ならどう行動するか書いてみよう

事例を考えるためのアドバイス

情緒の安定をはかるという目的は子どもたちに共通していますが、一人ひとりの心身の状況や、受けている治療のかたちはさまざまです。実習生という存在も、感じ方・受けとめ方は子どもによって大きく異なります。保育士や指導員をはじめとする職員が、子どもたちそれぞれの背景、情緒のバランスを尊重して支援や治療をおこなっている様子をていねいに観察して、子どもの理解に努めましょう。

児童心理治療施設の実習日誌例（実習のまとめ）

実習のまとめ（反省・感想など）	実習生氏名	○○○　○○○

　実習では、たくさんのことを学ばせていただきありがとうございました。児童心理治療施設での実習が決まったときは、どのような施設なのかイメージが湧きませんでしたが、実習では日々の生活場面での関わりに加え、専門的な支援の場面なども見学させていただき、たくさん学ぶことができました。

　心理療法の場面を見せていただけたのも大変勉強になりました。実習4日目に、Iくんが学校から帰ってから心理療法を受ける際、利用者の方々やご家族のご了解のもとでマジックミラー越しに見学させていただきました。Iくんについては、情緒の不安定さから虐待が疑われ、学校からの通告で母親の虐待が判明して入所したという経緯や、大変強いチック症状が出ていることを教えていただきました。心理療法担当の先生と二人きりになり、今日学校であったことや友だちのことを聞かれて、Iくんは次第に口数が多くなっていきました。自分の気持ちを言葉でしっかりと表現しているIくんを見たのは初めてだったので驚きましたが、同時に嬉しくもありました。専門家の先生が、しっかりとIくんを受けとめ、話しやすい雰囲気を作ったことで、Iくんは安心して自分の気持ちを吐き出すことができたのだと思いました。心理療法の意義を知ることができました。

> **すばらしい** 😊
> ハイライトになるような場面をあげて、状況の記述や学びをていねいに書くのもよいでしょう

> **すばらしい** 😊
> 心理療法の場面から、Iくん自身が変わろうとする姿や、専門職の重要性を理解できていますね

　また、行事でも発見がありました。実習7日目に、FくんとAくんの誕生会があり、私も参加させていただきました。お祝いの言葉は、Zくんが代表で「おにいちゃん、お誕生日おめでとう！」と言いました。普段の様子を見ていると、Zくんは人前で話すことは得意ではないようですが、今日は緊張しながらもしっかり言えて、頼もしく見えました。職員の方は、こうした大役をあえてZくんに託したのかなと思いました。主役のFくんとAくんもお祝いをしてもらいとても嬉しそうでした。誕生日を皆で祝うことで気持ちが一つになり、子どもたちは共に成長していくのだと感動しました。

> **すばらしい** 😊
> 職員の意図を考え、実習生自ら気づこうとする姿勢が大切です

　実習中、子どもたちがイライラしたり、突然騒いだり、学校に行きたがらなかったりするような場面もありました。そのようなとき、実習初めの頃はただおろおろするばかりで、子どもたちにも申し訳ない気持ちでした。しかし、そのような場面での職員の方の対応などを一つひとつ見せていただいているうちに、こういうときは、すぐに介入するのではなく様子を見守るのだなとか、その時その時の子どもたちの行動や気持ちを受けとめ、対応していく関わり方が、だんだんわかるようになりました。

> **すばらしい** 😊
> 実習中の成長が感じられる記述ですね

　まだまだ私には職員の方々のような対応はできませんが、私は将来、児童福祉施設で保育士として働きたいと考えているので、今回の実習で学んだことをきちんと振り返り、今後も力をつけていきたいと思っています。

担当指導者の助言・感想
（各施設の実習担当の先生よりコメント）

担当指導者　　　　　　㊞

児童心理治療施設の実習日誌

　実習全体を振り返る日誌例を掲載しました。実習初日から最終日までを振り返り、実習生自身の気づきや感動したことなどを、実際の場面描写を入れながら記述しておくと、実習事後指導の授業でもていねいな振り返りができます。また、今後の学びや、モチベーションの向上につながりますね。

記入のポイント

Point 1

　児童心理治療施設での治療・支援は、前述したように、生活環境が大きく影響します。子どもたちの生活の場面をていねいに観察すると、それぞれの状況や生活課題が見えてきます。

Point 2

　一人ひとりの気持ちに寄り添い、日誌でそれぞれの様子を振り返ってみましょう。もちろん、子どもの気持ちを読み取ることは専門家でも難しいことですが、これから保育者になるうえでも欠かせない視点です。子どもの気持ちを引き出して、自己表現や行動につなげていくことが課題です。

Point 3

　子どものことを尊重するということがどのような行動や発言となって表れているのか、職員の言動からしっかり学び取って記録しておきましょう。子どもに対して、言語的、非言語的にメッセージを伝えています。

日誌例の優れていると思う点、より工夫できる点をあげてみよう

児童心理治療施設の実習指導担当者（生活指導係長）より

　子どもと接するうえで大切にしていることは、「治療的関係」と「受容や共感」「一般的な常識、規律、自律の形成」です。私たちが治療上大切にしていることを、以下にいくつかお伝えしますので、実習の際の参考にしていただければと思います。

1　何よりも、子どもたちを理解することを大切にしています。子どもたちを尊重し、その思いやニーズをくみ取り、治療という語源である「待つこと」を大切にして、障がいの背景を読み取ります。子どもの主体性をどう引き出していくかを重視しながら、子どもが生き生きと生活していけるように願っています。

2　生活では、身体の健康（清潔、病気、事故など）、精神の健康（自己認識、自律、対人関係）について自己管理ができるよう支援しています。また、行事の企画・運営など、子どもが主体的にかかわり、意見を反映できるようにしています。

3　他者との関係づくりができるよう支援しています。さまざまな生活体験や多くの人とのふれあいを通じて、自己表現ができ、他者と協働して課題を達成できるように支援しています。

4　子どもを含めて、家族関係の再統合を支援しています。お互いを尊重し、余裕や笑顔のある親子の関係づくりを応援します。

　まだいろいろありますが、実習生の皆さんに特に知っていただきたいことをあげました。

　実習生の課題は、何よりも子どもを理解し、生活課題を理解し、「子どもにふさわしい生活」に対して子どもがいかに主体的に向き合うことができるか、そうした専門的なつきあい方・関係づくりがどこまでできるかどうかではないでしょうか。

「過剰支援」を知っていますか？

「私が手伝ってあげる」

皆さんは、「過剰支援」という言葉を聞いたことがありますか。「"支援"が"過剰"なんてことがあるの?」「困っていたら助けるのが当然じゃないの?」と思うかもしれませんね。では、過剰な支援とはどういうことなのか、児童養護施設で実習中の、Uさんの事例をとりあげて考えてみましょう。

Bくん（3歳）は、食事中に箸を使うことや、食べ終わったら自分で食器を片づけることに取り組んでいました。ほぼ達成できそうな状態ではありますが、まだ上手に箸を使うことはできません。片づけも、心もとない様子です。実習生UさんはBくんを見ていて、大変時間がかかることに気がつきました。Uさんは「かわいそう」だと思い、実習生としての当然の保育行為（積極的行為）と考えて、「先生がやってあげるよ」「大丈夫だよ」と言ってBくんの箸を持ち、「お口あーん」「おいしい?」などと声をかけながら食べさせたり、「先生が手伝ってあげる」と食器を片づけたりしました。

するとBくんは、「ぼく、自分でするよ」「自分でできるから」と、Uさんから箸を返してもらい、おぼつかない様子ではありましたが自分で食事を終えて、食器も返却に行きました。

過剰支援の要因の一つとして、実習生は「何かをしてあげよう」という気持ちが強いことがあげられます。この場合、実習生は一方的にしてあげるのではなく、一緒にしようという気持ち、本人のやる気を確認しながら対応していくことが重要です。その子どもの状態を見極め、子どものもつ力を認めていくことが大切なのです。

実習生が自覚していれば、過剰支援にはなりません。しかし、子どもに積極的にかかわろうとする気持ち（保育者を志すためには必須です）があれば、誰でも過剰支援をする可能性があるのです。そこで、常に客観的な見方をするように心がけること、一人ひとりを観察して、子どもの基本的生活習慣の形成や目標が今どの位置にあるのか判断して対応することがポイントになります。それぞれの子どもの状況は、彼らと日々生活をともに

している保育者、指導員の方々にまず聞いてみましょう。

「過剰支援」とは何でしょう

児童福祉に対する社会の意識の高まりを背景に、児童福祉施設もしだいに整備されつつあります。しかし、児童福祉施設という「ハードウェア」は整備されても、児童福祉という「ソフトウェア」は必ずしも整備されているとはいえません。それは「子どもに対する適切な保育とはどのような保育なのか？　どのような行為なのか？」が非常に難しい問題であるからです。このような難しさの要因として、子どもに対する過剰なサービスはかえって子どもの自立や更生を妨げるという事態を指摘することができます。

手厚いケア（支援・援助）をすればするほど子どもの基本的生活習慣や更生を妨げる、あるいは遅らせることを「過剰支援」と呼び、過剰支援にならない保育を「適正支援」として、それぞれ確認していきたいと思います。まず、保育者は子どもと接するとき、どうしても相手が子どもであることを強く意識します。過剰な支援をもたらしてしまうことは、決して珍しいことではありません。皆さんの心にある、子どもに対する「かわいい」「手伝ってあげたい」という強い意識が、子どもの成長・発達・自立・更生にとってかえってマイナスになるかもしれないのです。また、長期的な見通しを

もって子どもにかかわってきた保育者・指導員の試みを、実習生の過剰支援によって妨げてしまう危険性もあります。

「過剰支援」のメカニズム

● 過剰支援はきわめて自然な行為です。保育者が誰でももっている、自然発生的な感情がきっかけになります。
● やさしい人や親切な人（保育者）が、かえって過剰支援に陥りやすいといえます。
● 過剰支援は、子どもの基本的生活習慣や更生の妨げになることがあります。
● 子どもへの支援・援助が過剰支援か否かの判断は、大変難しいことです。

「適正支援」とは何でしょう

「過剰支援」に対して、適切で手厚いケアによる、子どもの自立・更生を促進する支援を「適正支援」と呼びましょう。皆さんが、実習中に一人ひとりの子どもにとっての適正支援を実践していくのは、容易なことではありません。一人ひとりを理解し、また、支援にかかわる保育者の計画を理解しなければならないからです。「支援」がこのように奥深いものだからこそ、皆さんには実習の機会を大切に受けとめてほしいと思います。「子どもの最善の利益」を、常に心に置いてください。

施設実習の振り返り

皆さんの施設実習の体験は、今後どのように生かしていけばよいでしょうか。お礼状を書いたり、日誌を読み返したりするなかで、保育者として成長する道を新たにつくりましょう。

1 日誌の提出にあたっての留意点

❶実習日誌を提出する前に

　実習日誌は、実習をおこなった当日のうちに記入し、翌日の実習開始前に施設へ提出してください。ただし、それぞれの実習施設から提出日や提出先の指示がある場合はその指示のとおりにおこないます。提出した実習日誌には実習担当職員からのコメントなどが入り、養成校よりあらかじめ実習施設へ送付されている封筒などによって返送されます。

　実習日誌を提出する前に、以下の事項を必ず確認しましょう。

①氏名や学籍情報の記入欄に書きもれがありませんか。

②実習施設名・所在地などは正しく記入してありますか。誤字などはありませんか。

③提出すべき書類が記入もれなく、すべて揃っていますか。

　（施設概要・自己紹介用紙・実習日数分の実習日誌・実習のまとめ・その他、指定の提出物など）

④定められている実習総時間・実習日数を満たしているか再確認しましょう。

⑤捺印すべきところにもれがないか、再確認しましょう。

⑥万年筆かボールペンで記録してありますね▶1。

⑦白紙（余剰分）の記録用紙は除いてありますか。

▶1
p.48の注22を参照。

❷巡回指導教員へのお礼

　実習先の先生方にお礼の気持ちを伝えることについては、もちろん皆さんも大切なこととして意識していますね。では、巡回指導をしてくださった養成校の先生方に対してはいかがでしょうか。各施設まで足を運んでくださった先生方にも、感謝の気持ちを伝えましたか。できるだけ早い時期に担当の先生を訪ねて、無事に実習を終了したという報告、巡回指導後の経過、ご指導くださったことへのお礼を伝えましょう。

2　施設実習終了のお礼状について

　実習施設は忙しい業務のなか、実習生のために貴重な時間を割いて指導にあたります。実習が終了したら、必ず、直ちにお礼状を実習施設へ送りましょう。同じ学校から複数の実習生を受け入れていただいた場合などは、前年の実習生たちがどのようにお礼状を送っていたのか前例を確認しましょう。各自書いた手紙を一つの封筒にまとめて出すなど、受け取る相手への配慮が必要です。

　実習からあまり時間が経過してからでは、お礼状を出す意味がありません。遅くとも、実習終了日から1、2週間以内に送ることが望ましいでしょう。

　お礼状は、「手紙の書き方」などについて書かれた書籍などを参考にしながら▶2、**自分の言葉で書く**ことです。基本的な形式は、p.171の例を参考にしてください。

　それでは、お礼状を書くときのポイントを確認していきましょう。

❶書き始める前に実習中の場面を振り返りましょう

　あなた自身の言葉でお礼を伝えるために、書き始める前に実習中の出来事を思い出してみてください。施設の職員の皆さんは、あなたに何を学んでほしかったのでしょうか。実習中どんな指導を受け、どんな言葉かけをしてもらいましたか。直接的な「こうしましょう」という言葉以外にも、「このことを実習生に学んでほしい、読み取ってほしい」というメッセージがあったはずです。そういった言葉や指導を、

▶2
手紙のマナーについての手引きを一冊手元に置いて、今後の学生生活でも社会人になってからも役立てましょう。

十分に理解することができましたか。指導の一つひとつが、あなたが保育者になるための成長過程になっています。

指導の言葉や行動に込められた先生方の意図、願いをくみとり、再度あなたの実習経験をみつめ直してみましょう。その思いをお礼状に入れると、一般的な美辞麗句ではない、あなた自身のお礼状になります。

❷実習生自身の学習した経験を伝えましょう

実習が始まった1日目の不安と最終日を比べてみると、自分自身の変化に気がつくでしょう。この実習で、あなたは何を学び心の栄養にしましたか。**お礼状から実習生の成長が伝われば、実習施設の方々も、「指導してよかった」と喜んでくださるでしょう。**また、次年度の実習生（皆さんの後輩たち）を受け入れる下地にもなりますね。形だけのお礼状にならないためにも、心から湧き出る自分自身の言葉・声に耳を傾けて書きましょう（傾聴ですね）。

❸お礼状で間違えやすいこと

便せん・封筒は、**白の無地で縦書きのもの**を基本とします。横書きの便せんは、くだけた印象になりがちです。また、お礼状を書くときはパソコンで入力するのではなく、**手書きが基本です。**ていねいに書くことで、感謝の気持ちが伝わります。

手紙の文面を書き終えたら、最後に宛名書きですね。お礼状の宛名は、どなたの名前にすればよいのでしょうか。「指導してくださった、実習担当の先生」と思った人もいるでしょう。しかし、実習は、直接ご指導いただいた先生だけでなく、職員の皆さんの協力があって初めて成り立ちます。**お礼状の宛先は、実習先の代表である施設長のお名前にします。**

拝啓　○○の候、皆様お変わりなくお元気にお過ごしのこととお慶び申し上げます。

この度は、私の実習に際しまして、ご多忙中にあるにもかかわらずご指導いただき、誠にありがとうございました。

> この場所には実習を受けた感想を記入しましょう。施設の印象、実習で学んだこと、これからの目標など、自分自身の言葉で、内容を簡潔にまとめてください。

実習期間中に親しく接していただいた感謝の気持ちを忘れずに、これからも勉学に励んでいきたいと考えております。どうぞ、利用者の皆様や職員の方々によろしくお伝えください。

末筆ながら、貴施設のご発展と皆様のご活躍をお祈り申し上げます。

敬具

令和○○年○○月○○日

社会福祉法人　○○学園

○○
○○　○○先生

○○大学　○○学部　○○学科　○年　○○　○○

縦書きの手紙　参考例

2 今後のステップへの心がまえ

　施設実習は、養成校でのいつもの授業と異なるため、不安と緊張の連続だったことでしょう。実習最終日には、充実感と達成感と解放感とが混ざって一度に押し寄せてきたのではないでしょうか。

　しかし、実習の最終目的は「実習を無事終えること」ではありません。**今回の実習の反省も、次の課題へと進んでいく入口に過ぎません。**貴重な体験を確かなものにするために、一生懸命実習に取り組んだ経験をしっかりと振り返ることが大切です。子どもたちと遊びが盛り上がったことや、気持ちが通じたと感じるような体験は楽しい思い出になり、一方で、思うようにできなかったことは振り返りたくないかもしれませんが、どちらの経験も受け入れて、得意なことはより磨き、不得意なことについては努力を惜しまずに取り組みましょう。その過程が、確実にあなたの保育の質を高めてくれます。

❶実習日誌を整理しましょう

　実習中は時間に追われるため、記録するだけで精一杯になっていたことでしょう。**実習日誌は書いたら終わりではなく、実習終了後に読み返すことが重要です。**気持ちにゆとりができると、そのときには見えなかった事柄が見えてきますし、時間が経過すると、同じ活動でも違った気持ちで受けとめることができるようになるものです。

　実習後も、養成校を卒業したあとも、保育現場に出てからも学習は続いていきますね。新しい知識や考え方を学びながら、実習日誌を読み返してみましょう。5年後、10年後にも、自分の実習体験をさらに掘り下げて考えることができるはずです。

❷保育者としての心がまえを再確認しましょう

　実習を終えて、皆さんは確実に成長していることでしょう。反省・振り返りが大切だと繰り返し述べてきましたが、「保育者になるため

の振り返り」だという大前提を忘れないようにしてください。

　皆さんは、今回の実習で、施設を利用している子どもたちが今一番必要としていることは何かを理解して、それに応えることができましたか。相手が必要としていないのにもかかわらず「よかれ」と思って実践することが「過剰支援」につながるということは、p.164でも学んだとおりです。大切なのは、日常生活のなかで絶えず子どもを観察して、求められることに応じていくことです。「絶えず観察する」といっても、それは過度に神経質になって臨むことではなく、花壇の花に水をあげるように、成長しようという力を手助けすることです。

　幼い子どもにも一人ひとり個性があります。双子のように、同日に生まれ同じような環境で育っても、違う個性が芽生えていくのです。子どもが育っていくうえで必要としている要素、心と体の養分はそれぞれ異なります。このことを忘れずにいれば、バランスのとれた「適正支援」につながりますね。そうして、子どもの心の芽が出て葉をのばす様子が見えてくれば、あなたの保育がより実り多いものになるでしょう。

　皆さんが、実習体験を今後に生かしてくれることを期待しています。学びの最後に、皆さんがいっそう保育に自信をもてるよう、チェックポイントをいくつかあげておきましょう。

①無条件に愛しましょう

　「愛なんて大げさ」なんて思った人にこそ、ぜひ実践していただきたいと思います。「○○が上手にできたから褒めてあげます」「□□ができたら、これをあげる」などと交換条件を持ち出して子どもを導くのは望ましくありませんね。子どもが、無条件に愛されているという喜びを実感できるようなかかわりをしていきましょう（ハートインハートです）。

②ありのままの姿をまず受け入れましょう

　子どもが寂しがっているとき、怒っているときなど、その時々の感情をそのまま受けとめることが大切です。子どもはありのままの姿を保育者に見せることで、安心して次の行動に移ることができます。また、子どもが望ましくない行為をしているときは、一時的にその行為をやめさせるようなかかわり方ではなく、その原因を考え対処してい

くことも、大事なプロの仕事ですね。

③子どもの人格を認め、尊重しましょう

「どうせ子どものすることだから」「やっぱり無理だろうから」と何事も手を貸し、手伝ってあげていませんか。子どもを一人の人間として認め、その人格を尊重する保育者の姿勢が子どもの自発性と意欲を育て、やがては自立につながっていくものです。

④保育者ははつらつとしていましょう

保育者がくよくよしていると、子どもも安心できません。保育者自身に悩みがあるときには、同僚や先輩、施設長など周りの信頼できる人に相談して、自分の悩みを解消し問題解決することが大切です。保育者の姿は、常に子どもの目に映っています。

⑤子どもと一緒に成長しましょう

子どもが成長するにつれ、保育者から子どもへの要求も多くなり、同時に保育者に対する子どもの要求も複雑になります。これらを受けとめるには保育者間の連携、つまり報告・連絡・相談を充実させ、特定の人がすべてを背負いこまないようにすることです。子どもの成長の小さなステップを喜ぶとともに、保育者自身もそのステップに共感して共有することです。地道に歩むことに、保育者の専門性を見出しましょう。むやみに焦ってはいけませんね。

⑥子どものモデルであるということを自覚しましょう

子どもにとって、保育者は社会の窓口です。保育者の挨拶や言葉遣いを通して覚えていきます。言い換えれば、子どもの言葉遣いや行動は、保育者の言動の鏡なのです。大切なのは、保育者が日常的に正しい見本、よいモデル（基本的生活習慣・言動など）を示すことです。子どもは保育者をよく見ていることを忘れてはいけません。

⑦「まねぶ」ということ

しつけ・基本的生活習慣とは、学ぶより「まねぶ」、つまりまねをしながら身につけるものです。暗記やその場かぎりの装いによって身につくのではなく、まねることにより一生の基礎をつくりあげます。

決して大げさな言い方ではなく、基本的生活習慣は「生き方」なのであり、子どもにとって身近な「まねる」相手といえば親や保育者ということになります。基本的生活習慣は「すぐつく」「よくつく」「はやくつく」というわけにはいかず、模倣（まねをすること）をベースにゆっくりと身に備わっていくものなので、その場限りの指示・命令・禁止をしてもよい結果は得られません。成長は模倣と不可分なのです。子どもたちには、保育者とのたくさんのふれあいを通して、発達に沿った基本的生活習慣などを身につけてほしいものです。

あとがき

　本書は、施設実習の事前事後学習においても、実習の最中でも、実習生がいつでもそばに置ける手引きを提供したいという発想から生まれました。実習前から実習後まで、「私の実習目標が見えてきた」「施設を利用している方々や職員の先生たちと、どのような出会いがあるだろう」「明日の実習では〇〇をがんばってみよう」「大切な実習経験を今後も生かしたい」と、常に前向きな気持ちをもっていただけることを願って執筆してきました。

　子どもにはそれぞれの発達の道筋があり、それぞれの育ちの背景があります。「平均的な子ども」はいませんし、同様に「平均的な施設」も存在しません。限りある紙面でお伝えできることは、本来皆さんに知っていただきたい内容のほんの一部です。それをふまえて事例や日誌例を掲載したのは、一例であっても、それぞれの施設での具体的な生活場面を思い描き、そこに実習生自身の姿を置いていただきたいと考えたからです。

　執筆者自身が実習生として体験したことや、保育者養成校で多くの学生の実習経験に伴走してきたこと、各施設の保育者からのコメントなどを軸にした実践的な学びが、きっと皆さんの助けになると思います。施設実習が、「待ち遠しい」という期待感で始まり、実習後は「今後はこうしていきたい」という自分自身の課題につながることを心から願っています。

　また、本書の学びが、社会的養護や子どもの権利保障に深くかかわっていることは言うまでもありません。今後、学生の皆さんが勇気をもって児童福祉の現場に飛び込み、子どもたちや利用者の方々を理解し、支援・援助に寄与していくための学びの一助になればと思います。ご協力いただきました各施設の皆様には紙面をお借りして深くお礼を申し上げます。ありがとうございました。

執筆者一同

第3版のためのあとがき

　初版が刊行されてから、十年の歳月が経過した。

　子どもの成長や福祉を考える際は、本来、世界の情勢までも視野に入れつつ、行政、地域社会、学校教育、保健医療、福祉施設、家族・家庭など子どもに及ぼすさまざまな影響の質・量に着目する必要がある。昨今の状況を踏まえて、特に着目すべき課題に限っても、戦争、自然災害、情報化・国際化、少子化、貧困、家族観の変化や親子関係、地域社会連帯、いじめや虐待、行政施策やその対応力など、多くがあげられるだろう。

　このように複雑化している現状に対応し、社会全体で子どもの成長を支えるために、国は「こども基本法」を制定し、子どもの施策を推進する、いわゆる司令塔として、こども家庭庁を2023年4月に設立した。「こども基本法」において、子どもは「心身の発達の過程にある者」と定義されていることを押さえておいてほしい。

　これらの成果如何は、教育機関との連携や民法上の親権・監護権の位置づけ、地域社会の取り組みなど課題解決に向けた今後の具体的な施策、関係者をはじめ国民の期待・営為などにも大きく左右されるだろう。子どもの福祉の専門職である保育士にとっては、改めてその職責の意義や関係機関との連携の重要性などを再認識する状況となっているのではないか。

　上記のような背景をもとに、今回の改訂にあたっては、子どもの権利擁護などに対応した法律・通知の改正を反映し、保育士になるための事前事後学習にいっそう資するものとなるよう記述を更新した。ご高覧、ご活用いただければ幸甚である。

　最後に、読者各位とともに今後の子どもの福祉の向上を願いつつ、改めて、現場の声をお聞かせいただいた皆さま、改訂にあたってご支援とご協力をいただいた萌文書林に深甚の謝意を申し上げる。

松本健二

| 資 料 |

保育現場で楽しむ遊び

施設実習に行く前に読みたい本

全国保育士会倫理綱領

くっつきっこ

0・1・2歳児が喜ぶ ふれあい遊び

子どもを保育者の膝にのせた状態から遊び始めます。

やさしく手を握って、リズムにのりながら膝を上下に動かしましょう。

♪おでことおでこが
くっつきっこ

●おでこを合わせる

♪ほっぺとほっぺが
くっつきっこ

●ほっぺたを合わせる

♪おなかとおなかが
くっつきっこ

●子どもをギュッと抱きしめる

Point

子どもを抱っこしたり手を握ったりするとき、子どもの健康・生活習慣もさりげなく見てあげましょう。子どもの体温や肌に異変はありませんか？ 爪がのびていたり、落ちていない汚れはありませんか？

いないいないばあ

●手で顔を隠す

●明るい声や表情を基本にする
繰り返し遊ぶときは変化をつけよう

いろいろなバリエーションで遊ぼう!

0歳児が喜ぶバリエーション
●子どもに布をかけながら、「いないいない…」
●布をパッととって、「ばあ!」

1・2歳児が喜ぶバリエーション
●カーテンや家具に隠れて、「いないいない…」
●子どもに見つかったら、「ばあ!」と出ていく

Point

「いないいないばあ」はいつでも楽しめる定番の遊びです。表情や声色に変化をつけて、子どもと一緒に楽しむ気持ちで遊びましょう。

0歳から小学生まで楽しめる パペット遊び

手袋で遊ぼう！

手袋うさぎ

- ●親指・中指・薬指を内側に入れる
- ●ボタンをつけたり、ペンで描くなどして顔を作る

- ●綿、布、鈴などを中に詰める
- ●ゴムや紐でとめて折る

ベビーハンドパペット

- ●手袋の指先を切って顔を描き、別の色の手袋に重ねる
- ●切った指先には綿などを詰めてボールにしよう

ひとさし指と中指を足に見立てて、パペットを歩かせます。「お山を登りまーす」などと言いながら、子どもの顔や体をくすぐったり、なぞったりしましょう。

Point

特別な素材や道具がなくても、ふだん使っている手袋や軍手で遊べます。3歳以上の子や小学生と遊ぶときは一緒に作るとよいでしょう。顔を描く素材や、うさぎの中に詰めるものを工夫してみてください。

3歳児〜小学生が喜ぶ
ハンカチゲーム

ハンカチ、よーく見ててね

●子どもたちにルールを説明する

> これからハンカチを投げるよ。手とハンカチが離れているときだけ、拍手してね！

●「拍手をしてね」以外にも、「ワーッて声を出してね」「ワッハッハって笑ってね」など、工夫してみよう

●投げる高さを変える、広げて落とす、畳んで落とすなど、変化をつける

●投げるふり、拾うふりなどを混ぜると、いっそう盛り上がる

> まだだよ！

> あ！

Point

おもちゃや素材などが何もないところでも、ポケットに手を入れればハンカチがありますね。ハンカチと、保育者のパフォーマンスさえあれば楽しめる遊びです。

幼児から中高生まで楽しめる
異年齢での遊び

皆で楽しむ外遊び

幼児期から学齢期の子どもたちがともに楽しめる遊びは何でしょうか？

●オニにタッチされた人が次々にオニになる「手つなぎオニ」。年齢に関係なく楽しめる、皆が好きな遊びです。

だ・る・ま
さ・ん・が…

●幼児と中高生でペアをつくって、「だるまさんがころんだ」をおこなうのもよいでしょう。おんぶなどのルールを入れても楽しめます。

Point

子どもたちの年齢に幅があるときは、身体能力に差があることを考慮しましょう。大縄跳びやフルーツバスケットなども、年齢にかかわらず楽しめる遊びですね。

保育現場で楽しむ遊び

施設実習に行く前に読みたい本

児童文学における子ども観・人生観にふれてみよう

斎藤隆介 さく／まつやまふみお え『まけうさぎ』新日本出版社、1971

斎藤隆介作／滝平二郎絵『花さき山』岩崎書店、1969

サン＝テグジュペリ／内藤 濯訳『星の王子さま』岩波書店、2000

シェル・シルヴァスタイン／ほんだきんいちろう訳『おおきな木』篠崎書林、1976

宮沢賢治／伊藤 亘絵『虔十公園林』偕成社、1987

メーテルリンク／堀口大學訳『青い鳥』新潮社、2006

モンゴメリ／村岡花子訳『赤毛のアン』新潮社、2008

保育の表現技術を楽しく身につけよう

川勝泰介・浅岡靖央・生駒幸子編著『ことばと表現力を育む児童文化 第2版』萌文書林、2018

駒井美智子監修・著『ちょこっとパフォーマンス38』メイト、2010

駒井美智子編著『幼児文化教材「理論と実践」』大学図書出版、2006

療育についての学びを深めよう

小林保子・立松英子『保育者のための障害児療育―理論と実践をつなぐ 改訂版』学術出版会、2013

小林芳文監修・著／横浜国立大学教育人間科学部附属特別支援学校編『発達に遅れがある子どものためのムーブメントプログラム177』学研教育出版、2010

保育者の専門性を高めよう

駒井美智子編『保育者をめざす人の保育内容「言葉」第2版』みらい、2018

社会福祉法人ChaCha Children & Co.編『見る・考える・創りだす乳児保育Ⅰ・Ⅱ―養成校と保育室をつなぐ理論と実践』萌文書林、2023

髙橋貴志編著『現代保育者入門―保育者をめざす人たちへ』大学図書出版、2013

全国保育士会倫理綱領

社会福祉法人 全国社会福祉協議会
全国保育協議会
全国保育士会

すべての子どもは、豊かな愛情のなかで心身ともに健やかに育てられ、自ら伸びていく無限の可能性を持っています。

私たちは、子どもが現在（いま）を幸せに生活し、未来（あす）を生きる力を育てる保育の仕事に誇りと責任をもって、自らの人間性と専門性の向上に努め、一人ひとりの子どもを心から尊重し、次のことを行います。

私たちは、子どもの育ちを支えます。

私たちは、保護者の子育てを支えます。

私たちは、子どもと子育てにやさしい社会をつくります。

（子どもの最善の利益の尊重）

1．私たちは、一人ひとりの子どもの最善の利益を第一に考え、保育を通してその福祉を積極的に増進するよう努めます。

（子どもの発達保障）

2．私たちは、養護と教育が一体となった保育を通して、一人ひとりの子どもが心身ともに健康、安全で情緒の安定した生活ができる環境を用意し、生きる喜びと力を育むことを基本として、その健やかな育ちを支えます。

（保護者との協力）

3．私たちは、子どもと保護者のおかれた状況や意向を受けとめ、保護者とより良い協力関係を築きながら、子どもの育ちや子育てを支えます。

（プライバシーの保護）

4．私たちは、一人ひとりのプライバシーを保護するため、保育を通して知り得た個人の情報や秘密を守ります。

（チームワークと自己評価）

5．私たちは、職場におけるチームワークや、関係する他の専門機関との連携を大切にします。

また、自らの行う保育について、常に子どもの視点に立って自己評価を行い、保育の質の向上を図ります。

（利用者の代弁）

6．私たちは、日々の保育や子育て支援
の活動を通して子どものニーズを受け
とめ、子どもの立場に立ってそれを代
弁します。

　また、子育てをしているすべての保
護者のニーズを受けとめ、それを代弁
していくことも重要な役割と考え、行
動します。

（地域の子育て支援）

7．私たちは、地域の人々や関係機関と
ともに子育てを支援し、そのネットワ
ークにより、地域で子どもを育てる環
境づくりに努めます。

（専門職としての責務）

8．私たちは、研修や自己研鑽を通して、
常に自らの人間性と専門性の向上に努
め、専門職としての責務を果たします。

■編著者紹介

駒井美智子（こまい みちこ）　　　　　　　　　▶▶▶ 第1章、第2章、第5章

東京福祉大学大学院社会福祉学研究科博士後期課程単位取得後退学。聖徳大学大学院博士前期課程児童学研究科修了（児童教育学）。東京福祉大学短期大学部、常葉大学保育学部教授を経て、現在、東京福祉大学通信教育課程・豊岡短期大学通信教育部非常勤講師。山梨県ボランティア・NPOセンター事務局長。

主著：『事例と演習でよくわかる 保育内容「環境」』（共編著、中央法規出版、2021）、『発達段階をふまえた乳幼児との会話法32』（単著、黎明書房、2018）、『子どもイキイキ！園生活が充実する「すきま遊び」』（単著、中央法規出版、2018）、『保育者をめざす人の保育内容「言葉」第2版』（編著、みらい、2018）など。

読者へ一言：「至誠天に通ず」。真心をもって事に当たっていれば、いつかは認められます。

■著者紹介

松本健二（まつもと けんじ）　　　　　　　　▶▶▶ 第3章、第4章第1〜5、10節

立教大学大学院応用社会学研究科博士前期課程修了。日本社会事業大学専門職大学院福祉マネジメント研究科修了。東京都東村山市福祉園園長、東京福祉大学短期大学部教授を経て、現在、東京福祉大学大学院社会福祉学部非常勤。

主著：「児童の権利が尊重される時代—児童研究の初心と児童福祉の課題」（日本児童学会、2008）、『リハビリテーション』（書評「響きあう命」、鉄道身障者福祉協会、2008）など。

読者へ一言：実習は現場に身を置いて専門的な関係づくりを学ぶもの。貴重な機会です。さまざまなことを学びましょう。寄り添い学ぶ心があれば、活路は開けます。ご健闘を！

小林保子（こばやし やすこ）　　　　　　　　　　　▶▶▶ 第4章第6〜9節

東京学芸大学大学院連合学校教育学研究科博士課程修了。博士（教育学）。鎌倉女子大学児童学部教授。主な担当科目は障害児保育、肢体不自由教育など。

主著：『子どもたちが笑顔で育つムーブメント療育』（共編著、クリエイツかもがわ、2020）、『子どもの育ち合いを支えるインクルーシブ保育—新しい時代の障がい児保育』（共編著、大学図書出版、2017）など。

読者へ一言：保育士は、保育所保育士としてだけではなく、児童福祉関連のさまざまな施設で活躍しています。本書が皆さんの実りある施設実習に役立つことを願っています。

資料協力	相模原市立陽光園
	相模原療育園

本文イラスト	西田ヒロコ
装画	片平菜摘子
デザイン	滝澤ヒロシ（四幻社）

施設実習ガイド——保育者として成長するための事前事後学習

2014年4月28日	初版第1刷発行
2018年4月1日	第2版第1刷発行
2023年8月1日	第2版第5刷発行
2024年3月28日	第3版第1刷発行

編 著 者	駒井美智子
発 行 者	服部直人
発 行 所	株式会社 萌文書林
	113-0021　東京都文京区本駒込6-15-11
	TEL 03-3943-0576　FAX 03-3943-0567
	https://www.houbun.com/
	info@houbun.com
印刷・製本	モリモト印刷株式会社

©Michiko Komai 2014, Printed in Japan　　ISBN 978-4-89347-426-1